パワハラ管理職
指導できない管理職
人事が直面する職場トラブル

（ハラスメント個別対応実例集）

株式会社ヒューマン・クオリティー代表取締役
樋口ユミ

第一法規

はじめに

近年、政界やスポーツ界、大手企業など、あらゆるところでパワーハラスメントやセクシャルハラスメントが起こり、ワイドショーを騒がせています。特に最近は、スポーツ界でのパワハラ問題が噴出し、旧態依然とした体制への批判が集まりました。政治の世界では、2018年には、国家公務員の幹部職員がセクハラ発言を繰り返したとして、辞任に追い込まれたことも記憶に新しいと思います。

このような問題は昔からあったことでしょう。かつては上司が仲介に入り、「まあまあ」とうまくなだめて事を収めていたかもしれません。それが近年は許されなくなり、「ダメなものはダメ」と被害者が訴えて、問題が明るみに出やすくなっていると感じます。

厚生労働省も、こういった時代の流れを受け、パワハラの予防を義務付ける法律の整備に向けて動き出しています。

増え続けるパワーハラスメント

私がハラスメント対策コンサルタントを目指したのは、前職でセクハラの相談窓口が設置されたことがきっかけです。当時事務職員だった私は、上司から「相談員をしなさい」と言われ、手探りで窓口業務に関わるようになりました。今から20年以上も前のことですから、ハラスメントの裁判も少なく、解決手法は確立されていませんでした。そのため、被害者が勇気を出して相談してくれたのに、解決まで至らないケースも多く、相談員としての無力感を噛みしめていました。そこで、「ハラスメント問題をきちんと解決したい」「ハラスメントが起きにくい職場環境を整えたい」という思いから、産業カウンセラーの資格を取得しました。

独立してから今年で11年目になりますが、ハラスメントの相談や研修依頼は年々増えています。特に電通の女性社員が過労死自殺した事件以降、パワハラに関する相談が大幅に増加していることを実感しています。

彼女が生前にSNSで勤務実態を発信していたことから、過重労働の裏側に隠れていたパワハラの問題も明らかになりました。未来ある若い女性が心身を病み、過労自殺した事件は、多くの人が働き方を意識するきっかけになったと思います。

この事件の後から、私のもとに寄せられるパワハラの相談件数や調査依頼などの問い合わせも増え、「ハラスメントは他人事ではない。誰もが当事者になってしまうおそれがある」という考えが広がりつつあるのを感じます。

もう一つ、私が気になっていることは、ハラスメントに対して過敏になりすぎ、部下の指導ができなくなってしまう上司がいることです。逆に、部下のほうが、何でもかんでも「これってハラスメントではないだろうか」と神経をとがらせ、コミュニケーションがうまくとれていない職場もあります。ハラスメントのある職場も、ハラスメント過敏の職場も、気持ちよく働ける環境ではないはずです。

この本を手に取ってくださった方には、どこからどこまでがハラスメントになるのか、どのように対処すべきなのかを、様々な事例を通して知っていただきたいと思います。この本が、快適な職場環境づくりに役立てば幸いです。

樋口ユミ

第2章

第3章

第4章

第1章

「無自覚」ではすまないハラスメント

～ハラスメントの対応がなぜ今必要なのか～

ハラスメントへの対応の必要性

ハラスメントの相談件数は年々増えています。全国の労働局に対する労働相談では、パワハラを含めた「いじめ・嫌がらせ」に関する相談は17年度で約7万2千件にのぼり、6年連続で最多を更新しています。厚生労働省の16年度の調査によれば、企業で働く人の3人に1人が「過去3年間にパワハラを受けたことがある」と答えており、決して他人事ではないのです。問題が起きても相談しない人も多いことから、実際は数字以上の割合でハラスメントが発生していることが推測されます。

人事部の役割と苦悩

一方で、どの企業でも今、人事部に寄せられる相談が増加しています。その原因は、

◉都道府県労働局に寄せられた、
パワハラなど「いじめ・嫌がらせ」に関する相談件数

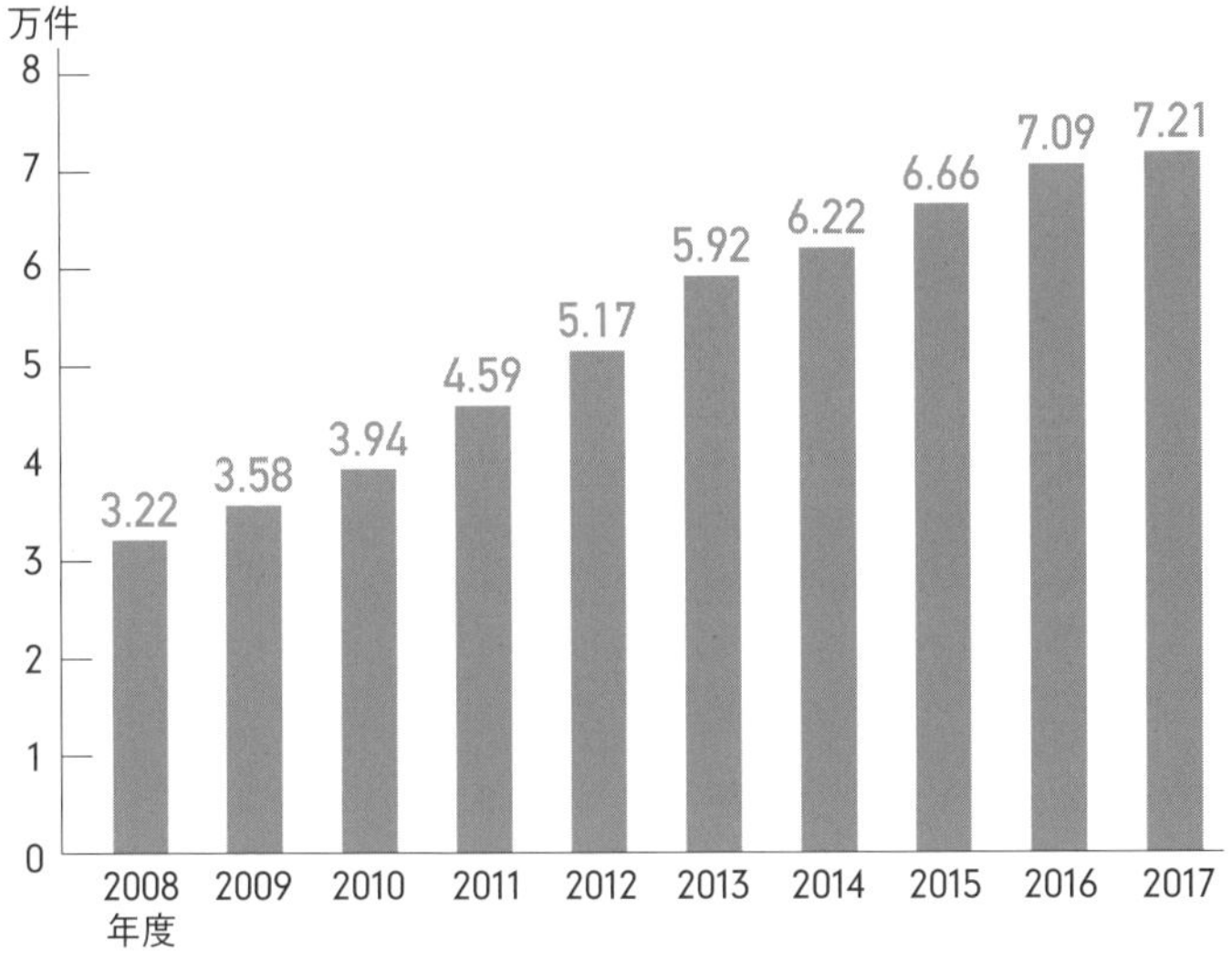

注：「平成29年度個別労働紛争解決制度の施行状況」（厚生労働省）を基に作成

職場内での調整機能が弱っていることにあると推察されます。人事部は、相談に対して調査、対応をする役割の部署ではありますが、あまりにも多くの相談が寄せられるようになり、非常に時間と労力、精神力がとられてしまっている現状です。また、職場から問題への対応を丸投げされるなど、人事担当の苦悩はつきない状況です。

ハラスメントが引き起こす企業リスク

厚生労働省の発表している「職場のパワーハラスメント防止対策についての検討会」の報告書によると、パワハラの予防・解決に向けた取組みを実施している企業は全体で52・2%。従業員1，000人以上の規模の企業の実施率が88・4%である一方、従業員99人以下の企業の実施率が26・0%と、企業規模が小さくなるほど、ハラスメント対策の実施率は相対的に低くなっています。「政治家や大企業のハラスメントは大きなニュースになるけど、うちはそんなに大きな会社じゃないから」「いまは事業が忙しくてそこまで手が回らないから」と対応を後回しにしている会社も多いのではないでしょうか。

しかし、ハラスメントは会社の規模を問わず、様々なリスクを引き起こします。被害を受けた人がメンタルヘルス不全になってしまったり、辞職してしまったりすることはもちろん、同じ職場で働く従業員の生産性や士気も下がります。ハラスメントが発生している職場は雰囲気が悪くなるので、従業員が辞めやすかったり、新しく入った人が定着しなかったりします。

また、今はネットが発達していますので、関係者がインターネットの掲示板やSN

Sで「○○社ではハラスメントが横行している」「あそこはブラック企業だ」ということを書き込めば、悪い評判があっという間に拡散してしまうおそれがあります。特に若い世代は、求人情報に応募する前に、会社の評判などをネットでチェックするのが当たり前のようになっています。もしハラスメントのうわさがあれば、その会社には寄りつかないことでしょう。

私の知っているある会社の人事部では、インターネットの掲示板で自社に関するマイナスの書き込みがないかを調べるのが日課となっているそうです。そして、もし書き込みを見つけたら、即座に削除要請を出しているそうです。担当者は「非常に不毛な時間だ」と嘆きながらも一生懸命努めています。それほどネットでの情報は会社の評判に影響を与えるのです。

ネットの情報は一度流れてしまうと、完全には消せないという性質があるため、社内のパワハラを隠し通せない時代になっています。

特に、人手が足りない、かつ非正規雇用が多い職場で、ハラスメント問題が深刻化する傾向があります。

ハラスメントを内部で適切に処理できない場合、メディアに内部リークされたり、被害者に訴えられて裁判になったりすることもあります。
ハラスメントは、「いかに社内で誠実に対応するか」ということが大切です。

従業員の権利保護意識が高まってきた

テレビや新聞でニュースになるような有名企業や組織のハラスメント問題を見ていると、組織そのもの、または権力を持った人がパワハラ体質であることがわかります。組織のトップなどの権力者がパワハラを行えば、報復をおそれて泣き寝入りしてしまうか、辞めてしまう人がほとんどでしょう。ところが、近年あらゆる業界でハラスメント問題の内部リークが増え、「間違っていることには、間違っていると言っていいんだ」という空気が醸成されました。そこで、被害を受けた人たちが次々と声を上げるようになっています。

こうした状況において、会社の評価を悪化させないためにはどうすればよいか、問題の解決方法やハラスメントを予防する方法をお伝えします。

職場のハラスメントの定義と労災の判断基準

ハラスメントは「嫌がらせ」「いじめ」を指す言葉です。「相手を苦しめたり、悩ませたり、理不尽な思いをさせたりすること」と捉えるとわかりやすいと思います。ハラスメントの基準は、「相手が」どのように受け取るのかということです。ハラスメントをした側は、ほとんどの場合自覚がありません。それでは、職場で発生しやすい3つのハラスメントを見てみましょう。

セクシャルハラスメント

セクシャルハラスメントは、日本では１９８０年代から、女性の権利意識の高まりや、アメリカの影響により、関心が高まってきました。セクハラの定義は、２００７

年4月改正の男女雇用機会均等法で「職場において行われる性的な言動に対するその雇用する労働者の対応により当該労働者がその労働条件につき不利益を受け、又は当該性的な言動により労働者の就業環境が害されること」と定められています。

事業主は労働者からセクハラの相談があった場合、適切に対応できるよう、職場の体制を整備したり、雇用管理上必要な措置を講じたりしなければなりません。ここでいう「職場」とは、通常仕事をしている場という意味だけではなく、取引先や出張先、移動中、飲み会の場なども含まれます。実際にセクハラは通常の職場以外の場で多く起きています。

「性的な言動」とは、性的な冗談やからかい、食事やデートへの執拗な誘い、身体への不必要な接触などがあります。また、「労働者」には正社員だけではなく、契約社員、パートタイマー、派遣社員なども該当します。注意したい点は、対象となるのは、「女性」に限らないということです。例えば、女性の上司から男性の部下への行為や、女性同士、男性同士の間の行為でも、セクハラとなり得ます。

パワーハラスメント

パワーハラスメントに関しては、法的に定められている定義は現状はありません。しかし厚生労働省の「職場のいじめ・嫌がらせ問題に関する円卓会議ワーキング・グループ報告」（2012年1月）では、「職場のパワーハラスメントとは、同じ職場で働く者に対して、職務上の地位や人間関係などの職場内の優位性を背景に、業務の適正な範囲を超えて、精神的・身体的苦痛を与える又は職場環境を悪化させる行為」と定義されています。

「職場内の優位性」とは、管理職などの「職務上の地位」だけではなく、専門知識や技術、経験の優位性、個人に対する影響力といったパワーを指します。例えばパソコン作業のスキルがない上司に対して、それが得意な部下がバカにしたような言動を繰り返すとパワハラに該当する可能性があります。

「業務の適正な範囲」については、明確な基準があるわけではなく、判断が難しいところです。業務上の必要があって指導することはパワハラにはなりませんが、その指導方法が暴言や暴力を伴うなど、明らかに業務の適正な範囲を超えていればパワハラになります。

マタニティ・ハラスメント

マタニティ・ハラスメントは、妊娠・出産に伴って、「業務上支障をきたす」という理由で、精神的・肉体的な嫌がらせを行ったり、解雇や自主退職の強要など、不利益を与えたりすることを意味します。「この忙しい時期に妊娠なんて……」と嫌味を言ったり、まったく仕事をさせなかったりすることもマタハラに該当します。

厚生労働省は、事業主に対して、男女雇用機会均等法9条で、婚姻・妊娠・出産等を理由とする不利益な取扱いの禁止等について定めています。また、育児介護休業法では、育児休業が性別に関係なく保障されており、その申出や取得を理由とした解雇などの不利益な取扱いを禁止しています。労働基準法でも、産前産後休業や育児時間等が保障されているので、マタハラの大半は違法行為に該当します。

近年、マタハラの男性版である「パタニティ・ハラスメント」という言葉も耳にするようになりました。例えば、「男性は、育児休暇はとれないんだ」と言って制度を利用することを認めなかったり、「キャリアに傷がつくぞ」と圧力をかけたりすることは、パタハラに該当します。

ハラスメントによる労災の基準

労働者がいじめやハラスメントにより、脳・心臓疾患を発症したり、精神疾患を患って療養や休職を余儀なくされたり、自殺に至る場合があります。それが「業務上」の事由による疾病または死亡に該当すれば労災と認定され、保険給付と労働福祉事業の保護が受けられます。

精神疾患に関しては、過度な責任の発生などによる心理的負荷や、精神障害の既往歴などの要因が複雑に関係することから、次の項目を総合的に判断します。社内処分では、こういった被害者の心身の状況も考慮して、処分の重さを決めます。

①　認定基準の対象となる精神障害を発症していること
②　認定基準の対象となる精神障害を発症前のおおむね６カ月の間に、業務による強い心理的負荷が認められること
③　業務以外の心理的負荷や個体側要因により発症したと認められないこと
出典：「心理的負荷による精神障害の認定基準について」（厚生労働省）

ハラスメント行為者への社内処分の段階

ハラスメントの訴えがあり、その後の調査により事実が確認された場合、行為者に対して、社内規定に則った処分を行う必要があります。口頭注意で済む場合もあれば、懲戒解雇に至るケースもあります。社内処分の段階は次の通りです。

戒告（かいこく）、譴責（けんせき）

戒告および譴責は、懲戒処分の中では最も軽い処分です。労働者に反省を求め、将来に向けて戒める懲戒処分です。「戒告」は、口頭での反省が求められるにとどまります。「譴責」は書面での反省が求められるため、始末書で自分の行為を確認・謝罪し、「将来同様の行為を行わないことを誓約する」と記載させるのが一般的です。

◉社内処分の段階

懲戒解雇	諭旨解雇	降格	出勤停止	減給	譴責	戒告

重い ← 軽い

減給（げんきゅう）

減給とは、労働者が本来労務提供の対価として受け取るべき賃金の額から、一方的に一定額を差し引く処分をいいます。

出勤停止（しゅっきんていし）

出勤停止とは、一定期間、労働者の就労を禁止する処分をいいます。出勤停止期間中は賃金が支給されず、勤続年数にも通算されません。出勤停止の期間が1カ月以上に及ぶと、「懲戒休職」や「停職」と区別されることもあります。

降格（こうかく）

降格とは、役職、職位、職能資格等を引き下げる処分をいいます。

諭旨解雇（ゆしかいこ）

諭旨解雇は、労働者に対し一定期間内に退職届の提出を勧告し、それに従って退職届が提出された場合は「依願退職扱い」とし、提出されない場合は「懲戒解雇」とする処分です。諭旨解雇の場合、退職金の一部または全部が支給されないことがあります。

懲戒解雇（ちょうかいかいこ）

懲戒として行われる解雇のことをいい、懲戒の中で最も重い処分です。懲戒解雇は制裁罰として行われるため、普通解雇とは区別されています。

いまだに消えない悪しき「典型的セクハラ、パワハラ」の6つの事例

実際に筆者が相談対応したケースを加工し、事例として、詳しく見ていきます。

登場人物

若手の人事担当者。はじめて相談窓口の担当になりやりがいも感じているが心配な気持ちもある。

人事部長であり、青山さんの上司。長年の経験をもとに様々なケースにかかわっているが、最近、ハラスメント問題が多く、悩んでいる。

人事部の課長。ハラスメント問題には苦手意識を持っている。

社内のキャリア相談員。ベテラン社員で定年が近い人望のある人物。メンターとして様々な社員の仕事やキャリア、プライベートの相談にも乗っている。

外部委託のハラスメント対策コンサルタント。20年間、ハラスメントの相談対応にかかわっていて、人事からの相談を受けることも多い。

X社は500名規模の商社です。様々な部署があり、全国に支社もあります。ハラスメント対策は他社よりも先んじて実践してきましたが、最近急に相談が増えてきて対応に悩むことも多くあります。

事例01

完璧主義な上司、部下への指導がエスカレートしていた

江口先生、部下に厳しいことで社内では有名なA課長（男性・50歳）のことで相談があるんです。A課長の行動が最近エスカレートしていて、ミス

を繰り返す部下に対してペンや消しゴムを投げたりするそうなんです。それで、困り果てた部下たちが人事部に相談をしてきたんです。

江口先生　そうですか。A課長の部下のみなさんの様子はいかがですか。

渋谷さん　すでに部下の一人が指導についていけなくなって休職し、もう一人の部下も精神的な不調を訴えるという事態になっています。

江口先生　深刻な事態になっているのですね。

渋谷さん　実は、A課長は以前から、部下に対して緻密で大量な処理が必要な作業を求めたり、次々と指示を出して徹夜せざるを得ない状況にしたりすることがよくあったそうなんです。人事部から一度指導をしたのですが、変化がありませんでした。どうしたらいいのでしょうか？

江口先生　一度指導をしたあと、その後の人事部からのフォローは必要です。A課長のような完璧主義な人は、自分と周囲のかかわりについて振り返りが弱い傾向があります。1回の指導では改善しないことが多いですよ。A課長の思いも十分に傾聴をして、気になる点は助言をしていくなど、人事部として粘り強くかかわっ

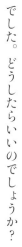

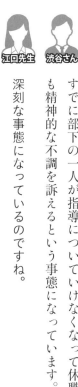

ていく必要があると思います。それから、身近にA課長のことを見守って助言ができる人を置く必要もあると思います。もう一度A課長と話をして、A課長に対して変化を期待して重要な戦力であることを伝えてみてはどうでしょうか。そのうえで、本人の同意をしっかりと得て、一度違う部署に異動をして環境を変えて上司としてのあり方を学んでもらってもよいかもしれません。

解決経緯

渋谷さんは、A課長の部署の出勤状況を調べることにしました。すると、すでに休職者が出ていました。職場で一人ひとり聞き取り調査をした結果、ほかにも休みがちな社員がいたり、メンタル不全になっていたりする人がいることがわかりました。

結果的に、江口さんのアドバイスによって、A課長を別の部署に異動させることになりました。最初のうちは、A課長が自分の経歴に傷がつくことを怖がってばかりいましたが、異動後の上司がよく話を聞いてくれたことで、少しずつ心境の変化が見られました。A課長は、昇進は同僚に比べると早かったのですが、10年ほど前に、部下が不正行為を働き、当時係長だったA課長も監督責任を問われて注意を受けたため、常に「ミスは絶対にいけない」と自分に強く言い聞かせていたのです。環境が変わったことにより心境が徐々に変化したA課長は、人事との何度目かの面談で、「自分にも言い過ぎるところがあった」と非を認めるようになりました。

解決のポイント

完璧主義で心配性な性格のA課長は、部下のミスをなくそうと焦るあまりに、相手の気持ちや能力を考えられなくなっていました。ものを投げつけるのは「身体的な攻撃」、「こんなこともできないのか」と無能扱いするような発言は「精神的な攻撃」となり、パワハラ行為となります。

A課長のような完璧主義の人は、相手にも完璧さを求める傾向や他責傾向があり、相手が自分が求める基準に満たないとイライラして、厳しい言動をしがちです。しかも、A課長はミスを繰り返す部下を責めるだけで、指導ができていません。適切な指導がなく、ミスを責めるだけでは、部下は萎縮するだけで、問題が改善されません。さらに、責められるのが怖くてミスを隠すようになる危険性もあります。このように、部下が成長できないときは、上司の指導方法にも問題がある場合があります。相手を責めるだけでなく、自分の指導方法も振り返ることが必要です。

では、人事部として今回のケースに対して、どのように対応すればよいでしょうか。ポイントは、更生するためのチャンスを与えるということです。いきなり異動させることも実際にはあるのですが、まずは一度注意して、改善の傾向が見られるかをチェックし、改善されなければ異動させる、という対応がよくあるパターンです。

また、今回のケースでは、人事部が、以前一度注意した後、改善の有無を確認するなどのフォローをしなかったことが再発につながったと考えられます。人は一度の注意で改善することはなかなかありません。もし渋谷さんが一度口頭で注意した後、A課長のことを近くで見守り、継続的に声がけする人を配置していれば、A課長の行動が改善されていたかもしれません。今回の異動では、A課長の話をよく傾聴してくれる上司ができたことで、A課長の言動は改善していきました。パワハラ問題を根本的に解決するには、行為者に対する見守り、声かけが大切です。

事例 02

深夜に何通もメールを送り、即レスを要求する上司

青山さん　営業部のBさんに「A部長とは別の部署にしてほしい！」と頼まれました。

江口先生　どのようなことがあったのか、教えてもらえますか？

青山さん　Bさん（男性・28歳）はA部長から頻繁に深夜にメールが送られていましたが、勤務時間外のメールチェックは個人の判断と認識して、緊急性の低い連絡事項にはなにも返さなかったそうです。そうしたら、翌日、A部長に「どういうつもりなんだ」と詰め寄られたそうです。

江口先生　時間外のメールやSNSでの連絡は、今、問題になることが多いんです。

青山さん　Bさんが体調を崩して会社を早退した日に、寝込んでいるのに、A部長から「迷惑をかけているのだから返信くらいしなさい」「仕事への責任感に欠けているんじゃないか。あなたはダメ人間です」「本当は早退して遊んでいるんじ

ゃないか。明日は這ってでもこい」といった内容のメールが次々と届いたそうです。しかも、CCでほかの部員にも一斉送信していたそうなんです。

これが事実とすれば、パワハラといえますね。A部長を異動させるという対応も考えられます。メールですから証拠もありますし。

でも、A部長はあの部署にとってとても重要な存在で、外すのが難しいかもしれないと渋谷さんは言っているんです。

悩ましいところですね。確かに業務上、どうしても外せないこともありますよね。A部長の言動は大変気がかりですが、それなら、まずはパワハラ行為の改善がなければ異動するという旨を伝えて厳重注意をしてはどうでしょうか。ただし、A部長を諭すのは人事部ではなく、社長のほうがよいかもしれません。

解決経緯

人事部で事実関係を調査した結果、ハラスメントの事実が認められました。江口さんからの「誰から注意されるかによって、印象は大きく異なります。A部長のやり方はだめだと諭せるのは社長しかいません」といったアドバイスにもとづき、渋谷さんが社長にパワハラのリスクを伝え、Ａ部長に口頭で注意してもらうよう働きかけました。社長の厳重注意の後、渋谷さんが定期的に経過を観察し、Ａ部長に声がけをすることで、Ａ部長の態度はだいぶ改善が見られるようになりました。

しかし、被害を訴えたＢさんはメンタル不全のため、「Ａ部長の顔も見たくない」という状態になっていました。「異動したい」とのＢさんの強い希望もあり、緊急対応として、別の部署へ異動させることにしました。

事態は一応収束しましたが、今回の対応において、関係者同士が激しく口論している場面を間近で見ていた青山さんは、少し疲れてしまったようです。

解決のポイント

Ａ部長は、国内外の得意先や発注先とのやりとりが多く、他社との競争も激しい現場で実績を上げているため、仕事のためにはプライベートが多少犠牲になるのもやむを得ないと思っていますが、部下は上司が想像する以上に、勤務時間外に連絡をされると会社に拘束されている気になり、負担に感じるものです。

労働契約上、基本的に従業員は勤務時間外のメールを確認したり、返信したりする義務はありません。会社として、勤務時間外に返信を求めないことが原則です。顧客からの急な要望がある場合も、勤務時間内に対応できる範囲でベストを尽くすという意識を持つことも大切です。いかなるときでも全力で対応しなければならないという考えは労務管理上問題があり、これを部下に強要すれば「過大なノルマ」としてパワハラ行為になる可能性があります。

今回、A部長にとって、一番効果的だったのは「社長からの注意」です。A部長の場合は、本人が率先して残業し、自分自身が深夜でも会社のスマホでメールをチェックし、なるべく早く返信するように心がけていたため、部下にも早く情報を共有して対応策を講じられるように、深夜でもメールに即返信することを求めてしまいました。つまり、自分自身の仕事に対する姿勢を部下にも徹底してほしいと考えてしまったのです。このように、会社のためを思って行っていたことが、社長直々に「パワハラ」と注意されたことは、A部長にとってショックが大きく、「今のやり方ではダメなんだ」と考えを改めるきっかけになったようです。

また、A部長のような実績を持つ管理職は、実力が認められているため、パワハラ行為があっても「ある程度は仕方ない」と思われがちですが、いまの時代は、パワハラが発生した会社は社会的に批判され、結果的に顧客からも信頼を失ってしまいます。

今回のケースでも、A部長のことを大目に見ようとする社長に対して、渋谷さんが、「返信の有無で部下を評価する姿勢を見せると、徐々に即返信が義務のような空気ができあがり、休日もメールのやりとりが常態化して、過労死につながるおそれもあります。いまはこういう時代ですから、社員からもお客様からも信頼をなくす危険性がありますよ」と、根気強く説明したことで、解決につながりました。

事例03
残業や休日出勤が当たり前の職場で、従業員が次々と退社

最近、採用した新入社員が次々と辞めてしまい、新たに社員を雇っても教育に時間がかかり、売り上げはどんどん落ちていって、労働組合から会社に交渉してほしいと言われましたが、どう対応すればいいか困っています。

それは大変な事態ですね。

青山さん　直近で辞めたAさんから、最後に少し話を聞きました。Aさんが配属されたのは、全国で最も優秀な売り上げを誇る支社でした。でも、その支社のB支社長は売り上げを重視するあまりに、お客さんに渡す資料を作成するために事務所で作業していると、「若いんだから足でかせげ！」「とにかく訪問しろ！」と怒鳴りつけてきたそうです。また、上司や先輩たちは毎日遅くまで仕事していて、残業は当たり前の雰囲気で、定時に帰ろうとしたらジロリとにらまれて、挨拶も返してくれなかったそうです。さらに、翌日出社したら、先輩に「最近の若手はマイペースでいいな」と嫌味を言われたりしたそうなんです。

江口先生　それはAさんはつらかったでしょうね。

青山さん　はい、それ以来、Aさんはやることがなくても、上司や先輩たちより先に帰らず、休日出勤もしていたら、次第に疲労がたまっていったそうです。さらに、ノルマは達成不可能なレベルだったので、耐えきれなくなって辞める決心をしました。

解決経緯

江口さんのアドバイスを聞いた青山さんは、渋谷さんに相談し、支社の関係者全員にヒアリングしに行きました。「これまで怖くて言えなかった」とか「どこかに訴えようと思っていた」という話が続々と出てきました。青山さんたちが思っていた以上に、多くの人が被害を受けていたようです。

特に、Ｂ支社長が社員の前で暴言を吐く行為と、本社が設定していたノルマをはるかに上回る過剰なノルマを支社で課していたのが問題でした。結論として、「Ｂ支社長の下には部下をつけられない」という理由で、ほかの部署に異動となり、春夏のボーナス減額の処分も下りました。

処分が行われた後に、江口さんは、部下がいない立場として勤務することになったＢさんの元を訪れて第三者としての立場から面談を行い、Ｂさんの話を聞きました。そして、今後Ｂさんの言動が改善されたら元の部署に戻すという道筋をつけ、人事がサポートすることになりました。

解決のポイント

この支社には、高い売り上げ目標を立て、寝る間も惜しんで働いて売り上げを伸ばしてきた、という成功体験がありました。日本にはそうした企業が少なくありません。しかし、過重労働の先には、うつ病などの精神疾患にかかり、自殺にまで追い込まれる人がいるという現状があります。そのため、極端な長時間労働やノルマを課す会社は、ブラック企業として社会から問題視されています。たとえ一時的に売上げが上がったとしても、退職者が後を絶たなかったり、損害賠償責任を求める裁判になったりすれば、会社にとって損失となります。今回の場合、B支社長の暴言や、度重なる残業を見過ごしていたこと、また、そのような雰囲気が周囲にも蔓延して嫌味を言う先輩もいるなど、Aさんが追い込まれる状況にあることが問題でした。

また、今回は本社の人事部の目の届きにくい支社で起こったので、人事部もハラスメントの実態に気づくことができませんでした。こういったケースでは、どんなに遠くても、すぐに現場に駆けつけてヒアリングすることが大切です。「電話でもいいじゃないか」と思うかもしれませんが、本音を引き出すためには、電話より対面が効果的です。

さらに、行為者のB支社長に対するフォローとして江口さんが話を聞いてあげたように、第三者が対応することも必要です。会社には言えない怒りや不満を爆発させて、ガス抜きして落ち着いたところに、自然と「自分が悪かった」と気づくことがありますので、そこまで待つのも大切なことです。

事例04
週に2、3回開かれる会社の飲み会を断ると叱責する上司

青山さん コールセンターのA部長（男性・51歳）は、頻繁に飲み会を開き、週に2、3回は当たり前、いったん飲み出すと二次会、三次会へと部下を連れ回し、朝まで飲み明かすことも少なくないそうです。

江口先生 週に2、3回は大変ですね。

コールセンターに勤めているBさんは、A部長のことを尊敬していて、誘いを断りにくく、毎回参加していましたが、さすがに寝不足で疲れがたまり、仕事にも支障がでてきたため断ったそうです。すると、A部長がほかの社員もいる前で「飲み会を断るとは、社会人としてどうなのか！」と怒ったそうです。それを見ていた人が「このままだとBさんが潰れてしまう」と心配して、この話を私に教えてくれました。これは立ち話で済ませてはならないと思って、渋谷さんと一緒にヒアリングを行いました。

よい気づきです！　青山さんもハラスメントに対してアンテナが立ってきましたね。

でも、「飲み会は楽しいし、上司と話すのは勉強になる」と感じている部下もいれば、Bさんと同様に苦痛を感じている部下もいます。ただし、振り回されるのは特定の人ですので、それを見て「どうなのかな」と思う人がたくさんいるようです。これはアルコールハラスメントと判断してもよいでしょうか？

解決経緯

飲み会の頻度と強制参加の実態から、江口さんはA部長の言動は、アルコールハラスメントと言ってもいいと回答しました。人事部がA部長本人にも面談を行いましたが、「飲み会に参加することで、社内外の人脈が広がる、自分もそうやって人脈を広げてきたことが今の仕事につながっている」というのがA部長の言い分でした。

結局、A部長は、懲戒処分として、コールセンターのセンター長からの厳重注意と、江口さんによる個別教育を受けることになりました。まず、A部長には会社への不満や、部下へのいろいろな思いを吐き出してもらいました。その上で、改善すべきポイントに自分で気づいてもらうため、何度も江口さんとの面談を重ねました。

そのうちに、A部長はアルコールに起因した内臓疾患を患い、お酒が飲めない体になってしまいました。病気になったことで「世の中は自分の思い通りにいかない」ということがわかって、アルハラは自然とおさまったようです。

今回は、たまたま体の病気になり、問題はおさまりましたが、面談を続けても改善がない場合には、産業医からアルコールに関する専門病院にかかることをすすめてもらったり、飲酒をやめたい人の自助グループに参加してみることをすすめるのも考えられます。

解決のポイント

飲み会に参加することで人脈を広げることは、確かに仕事をする上でのメリットになるでしょう。A部長自身にもそうした経験があったため、自信を持って誘っていたのだと思います。

ただし、飲み会の誘いを断ったことに怒りを感じ、Bさんを叱責したことは不適切です。従業員が参加する義務のない飲み会にもかかわらず、「断ってはいけない」という意識をBさんだけでなく、ほかの部下たちにも植えつけてしまいました。

会社の飲み会が月に数回程度で断れる余地がある、一次会で適切な時間に帰れるという状況であればアルコールハラスメントとまではいえないと思いますが、頻繁にある上に断れない、帰れる時間帯が必ず深夜に及ぶなどの場合は、労働した後に休めないことになるので、アルハラと判断してもいいと思われます。

また、体力や性格により、飲み会に喜んで参加している人もいますが、連日の飲み会で心身ともに疲労し、集中力の低下により、仕事のパフォーマンスが落ちてしまうこともあります。A部長は上司として、部下のそういう変化にも気づく必要がありました。

今回の場合、上司の言動に疑問を持つ従業員が見て見ぬ振りをせずに人事部に相談したことや、青山さんが立ち話で済ますことなく、迅速に対処してくれたことで、早期解決につなげることができました。このような意識を持つことが、職場のパワハラの予防と早期解決につながります。

事例05

年上部下をいじめる上司

経理部のBさん（男性・43歳）から新任の課長Aさん（男性・38歳）への苦情が入りました。実はAさんを昇進させるにあたって、上層部も、Aさんの乱暴な言葉遣いやイライラしたら感情的になるところは懸念していたそうです。そこで、渋谷さんと一緒にヒアリングをしたのですが、これがパワハラなのかどうか迷ってしまいまして…。

江口先生 具体的にはどういう状況なんですか？

青山さん Aさんは、管理職に昇進した後、プレッシャーからストレスが増大したためか、感情のムラがひどくなってしまったようです。部下を「ばかやろー！」と怒鳴りつけたり、人の意見を聞かずに仕事を自分の思い通りにやりたがるようになったため、Aさんより年上のBさんがその行き過ぎた言動をたびたび指摘していました。すると、家族の介護を行っているBさんに対して、Aさんが必要な時に休みを取らせなかったり、無視したりして、二人の対立が激しくなり、職場の雰囲気が悪化して、嫌がったアルバイト社員が辞める事態にまでなってしまったそうなんです。

江口先生 それでBさんから相談を受けたわけですか？

青山さん はい。Bさんが相談しにくる決定打になったのは、計算ミスを理由に、Bさんが大切に思っていた仕事を完全に取り上げられてしまったことなんです。このような社員同士のケンカはハラスメントになるのでしょうか？

解決経緯

青山さんと渋谷さんは、Ａさんと面談をしましたが、「Ｂさんにも悪いところはある。彼の仕事のやり方を改革したいんだ」と、Ａさんは主張していました。しかし、仕事を外したり、無視をしたりするというのは、明らかに行き過ぎた言動であり、適切な指導の範囲を超えています。このような江口さんのアドバイスを受け、結果的に、人事部からは「Ａさんの管理職昇進は時期尚早だった」と判断し、元の課長補佐に降格処分となりました。また、被害を受けたＢさんは、Ａさんの顔を見ただけで動悸がするほどメンタルを損ねていたので、Ａさんと顔を合わせることのない部署に異動させることになりました。

解決のポイント

無視や仕事を与えないことは、典型的なパワーハラスメント行為です。昇進したばかりの管理職は行き過ぎた指導によるハラスメントを起こしやすいのです。今回の件の会社としての反省ポイントは、仕事ができる人は管理職に昇進しやすいですが、マネジメント力があるかどうかをしっかりと見極めないと、部下が上司の要求についていけず、このようなことが起きがちであるということです。

Aさんは、降格処分された後、ベテラン管理職のCさんの近くの席に移動することになりました。Aさんには、Cさんの仕事ぶりを間近に見てもらうことで、管理職としてどうあるべきかを考えてもらう機会を与え、その上で、時期がきたら再び昇進させるという道筋をつけました。被害者の名誉や心身の健康状態の回復はもちろんのこと、行為者も更生させることが、真の解決といえます。

事例06 出向元から送り込まれてきた問題児

関連会社から管理部に出向してきたAさん（男性・50歳）について相談させてください。Aさんは、実は出向元でパワハラを繰り返して、持て余していたため、こっちに送り込まれてきたといういわくつきの人物でした。

具体的にどのような言動でしょうか？

Aさんは上の人にはこび、部下には厳しく接する性格で、部下のミスを怒鳴りつけたり、2、3時間もネガティブな言葉を並べて詰問したりするそうです。部下が作成した資料には、毎回たくさん赤を入れますが、具体的な改善策は示しません。指導を求めれば、すぐに怒鳴り散らすため、部下たちは萎縮して、仕事が進まなくなって、残業時間もどんどん増えていきます。しかしAさんは「上からの命令だから、残業するな」の一点張りです。困り果てた部下が、人事部に相談しにきました。

人事部の対応経緯

渋谷さんは、事情をよく知っている同じ管理部門の部長にAさんのことを厳重注意してもらうことにしました。Aさんの理不尽な行動は一時的に収まりましたが、何かストレスがかかると、またパワハラとなるような言動を行ってしまいます。そのため、人事部長として、渋谷さんが2度目の注意を行いました。

人事部からの注意はAさんにとって影響力が大きく、若手社員へのパワハラはかなり抑えられました。しかし、パワハラの矛先が、係長クラスに向くようになってしまいました。人前で若手を怒鳴りつけることはなくなりましたが、代わりに係長クラスを別室に呼び出して、こんこんとダメ出しをするようになりました。

Aさんの言動は、注意されるたびに収まるのですが、しばらくすると元に戻ります。このように繰り返して1年半経っても根本的な解決に至りませんでした。そのうち、とうとう耐えきれずに従業員が1人辞めてしまいました。

結局、渋谷さんは、出向元に引き取りをお願いしましたが、出向元にも丁重に断られてしまいました。これ以上踏み込んだ対処ができず、人事部は困ってしまいました。

解決のポイント

実はこのケースは、解決にいたらなかった事例です。みなさんには失敗からも学んでいただきたくてあえて紹介しました。このような結果にならないためには、どうしたらいいでしょうか？

やはり労務管理の視点から、ルールを決めることが肝心です。最初の契約時に「出向は2年間とする」「パワハラには厳重に対処する」というようなルールを決めておかないと、このようなトラブルになったときに踏み込んだ対処ができません。

力関係から難しいところはあると思うのですが、最初にルールを決めておき、契約期間が過ぎたら出向元に帰ってもらう道筋をつけておきましょう。そうでないと問題児のたまり場になりかねません。

実際に、親会社からどんどん問題児が送られてきて困り果てた子会社が、親会社からの出向の期間を限定してもらうなどの対策を打った事例もあります。トラブルが起きる前に先手を打つということも大切です。

column 01

担当者が行うべきハラスメント防止策 ～就業規則、相談窓口、周知、啓発

企業や組織では、ハラスメントの対応を間違えてしまい、内部リークや裁判などの大きなトラブルに発展することが多いです。大切なのは、何か起きる前から対策を打っておくことです。

問題の芽を早い段階で見つけて解決するためには、社内の体制を整えておく必要があります。厚生労働省の「提言」を参考に、人事部がやるべき対策をご紹介しましょう。

就業規則に関連規定を追加する

ハラスメント予防や対策に、就業規則等を整備することは不可欠です。

ハラスメント行為をした者に厳正に対処する方針や、懲戒処分の内容を明らかにするためには、就業規則に「ハラスメント防止に関する規定」を定めなければなりません。具体的には、パワハラの定義や懲戒の適用等に関する規約を定めておくとよいです。

「セクハラに関する項目」も「男女雇用機会均等法」により、就業規則の必須項目として定めることが義務づけられています。しかし、なぜか抜けている会社もあります。自社の就業規則を確認し、もし定めがなければ、「セクハラ防止規定」を迅速に作成しましょう。

なお、就業規則に「懲戒規定等に基づき厳正に対処する」という一文を書いておき、別途ハラスメントに関するガイドブックを作成するのがおすすめです。事例も交えて詳しく書くことができる上に、就業規則の文章が長くなり過ぎて、かえって読みにくくなることも回避できます。

相談窓口を設置する

「男女雇用機会均等法」では、事業主にはセクハラの被害を受けた人や目撃した人などが相談しやすい窓口（相談担当者）を社内に設けることが義務づけられています。

さらにセクハラの相談があったときにはすみやかに事実確認し、被害者への配慮、行為者への処分などの措置を行い、改めて職場全体に対して再発防止のための措置を行うことも義務づけられています。

一方、パワハラの場合、相談窓口の設置などは現在は義務化されていませんが、厚生労働省が公表している「パワーハラスメント対策導入マニュアル　第2版」では、「相談窓口や対応責任者を決めるなどの相談・解決の場の設置」をすすめています。このため、現状では、従業員が1，000人以上の企業では、97・9％と、ほとんどが社内外に相談窓口を設置しています。一方、従業員99人以下の企業では、44％と低い水準にとどまっています（厚生労働省「職場のパワーハラスメントに関する実態調査」）。

社内に相談窓口が設置してあっても、実際には相談しにくいという場合もあります。特に中小企業では、人間関係が緊密なので、「プライバシーが保護されるのか」「中立、公正な判断をしてもらえないんじゃないか」「相談したら会社に居づらくなるんじゃないか」といった不安を抱きがちです。

そうした場合には、企業内での解決のみにこだわるのではなく、専門のカウンセラーによる外部相談窓口などを合わせて利用し、対策を進めることも検討しましょう。

ルールを周知・啓発する

作成したルールは社員にきちんと周知しなければなりません。

職場におけるハラスメントに関するルールや、相談窓口などの体制を整えたら、文書やポスターにして示したり、ガイドブックを配布したりして、いつでも情報にアクセスできるようにしましょう。

また、経営者の姿勢や意識は企業全体に大きな影響を及ぼします。できる限り、社長や役員クラスから、ハラスメント防止の意義や、具体的な取組みを発信してもらいましょう。朝礼や社内報、メールニュースなどでリアルな声を届けることで、「会社は真剣に取り組んでいる」というメッセージを発信することできます。

【周知方法】

・就業規則への記載
・社員手帳などへの記載
・社内報への掲載、パンフレットの作成・配布
・朝礼、会議などでの周知

【周知事項】

・職場におけるハラスメントの目的

・職場におけるハラスメントの定義・概念
・職場におけるハラスメントとみなされる典型例
・相談窓口・苦情処理手続きの説明
・懲戒の内容
・プライバシーの保護
・申出者に対する不利益処分の禁止

従業員への教育・研修を実施する

方針を周知するとともに、従業員が職場におけるハラスメントについて理解できるように、教育や研修を実施します。

管理職には、ハラスメントが起きにくい職場環境を作り、問題に適切な対応をすることを主眼とした研修を行います。

一般従業員に対しては、一人ひとりがハラスメントの当事者にならないよう、「職場におけるハラスメントの定義」や「問題がおきるとどうなるか」「何がハラスメントに当たるのか」ということを知ってもらいます。

専門家を招いての講義や、ビデオ教材の視聴、グループ討議により、自己・職場の状況を把握し、分析するなど、研修の形式は様々です。重要なのは、様々な形式を駆使し繰り返して学習をさせ、ハラスメントに対する理解を深めることです。

column 02

調査から処分へのプロセス

ハラスメントに関する苦情・相談の申し出があった場合には、事態を悪化させないようにするため、可能な限り迅速に対応し、事実確認のための事情聴取を行う必要があります。まず、実際に問題が発生したらこのようなプロセスで対応しましょう。

◉一般的な相談対応フロー

相談者

↓

ハラスメント相談窓口、従業員相談ルーム
または人事・労務担当

↓

相談者本人から話を聴く

↓

（調査）
相手方（周辺者）からの聞き取り

↓

事実関係の有無を判定

↓

対応策の検討

↓

対応策

- 相手方等へ、ハラスメントの中止、指導、処分の検討
- 職場での教育・研修
- 相談者へのフィードバック及びケア　等

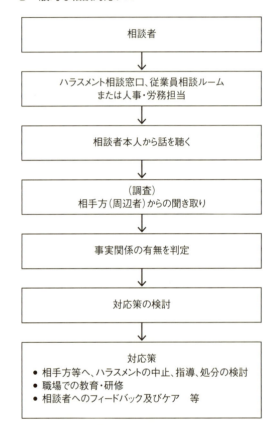

近年増加する新たなハラスメント

職場で起きるハラスメントには、セクハラやパワハラのほかにも様々なものがあり、特に「マタニティ・ハラスメント（マタハラ）」は、セクハラ、パワハラと並ぶ職場の三大ハラスメントの一つと言われるほど、被害を受ける人が後を絶ちません。マタハラは、妊娠や出産したこと、育児のための制度を利用したことなどに関して、上司や同僚が就業環境を害する言動を行うことを指します。

２０１７年には「男女雇用機会均等法」により、マタハラ対策がすべての事業主に義務づけられました。具体的に、事業主はマタハラに関する方針を明確にし、それを社員に周知・啓発することに努める、相談窓口を社内に設ける、相談があったときには迅速かつ適切に対応する、また、マタハラの原因や背景となる要因を解消するための措置をする、といった対策を取る必要があります。

マタハラが起きる背景には、セクハラの背景と同様に、「女性は育児に専念すべき」といった性別役割分担意識があります。また、人手不足や長時間労働が常態化しているような余裕のない職場環境と組織風土も関係しています。

特に、産休・育休や時短勤務中など、職場のほかの従業員にしわよせがいくような場合、マタハラが起きやすくなります。このような職場では、管理職も妊娠を告げられると、お祝いの言葉より先に、「人員の穴はどう対応すればいいのか」というマネジメントのことが頭の中をめぐりがちです。ついつい「仕事はどうするの？」と詰問してしまったり、相手を傷つけるおそれがあります。管理職として、日ごろから部下たちのライフイベントも見守っていくつもりで接することが、マタハラを予防することにつながります。

また、最近少しずつ相談が増えているのが「ケアハラスメント」です。介護休業、介護のための時短勤務などは「育児・介護休業法」により認められているにもかかわらず、休業を認めなかったり、制度を利用したことで嫌がらせをしたりする言動を指します。

2016年にはLGBT（性的少数者を表す言葉）の人に対する差別的な言動がセクハラになることが、厚生労働省が示した「セクハラ指針」で明確化されました。そのほか「スメルハラスメント（スメハラ）」「エイジハラスメント」「ソーシャルメディアハラスメント」なども新たに問題になっています。

管理職や人事担当者は、新しいハラスメントに対しても、認識を深めておくことが必要です。

新たなハラスメントを知る5つの事例

事例07
自分は子育て中だからと仕事を押しつける「逆マタハラ」

青山さん 企画部のA部長から部下のトラブルについて相談されましたが、経験が浅い私が体験したことのない状況ですので、どう判断すればいいか分からなくて困っているんです。

江口先生 具体的にはどのような相談でしょうか。聞かせてください。

青山さん 企画部門に勤める同期のBさんとCさん（ともに女性・32歳）のトラブルなのですが、Cさんは、30歳のときに出産し、1年間の育休を経て、午前

9時から午後4時までの時短勤務で復職しました。企画部門にはほかにもう一人時短勤務の社員がいて、その分の負担を背負うことになったのが、Bさんです。

江口先生　どんな問題が起きたんですか？

青山さん　Bさんも最初は同期のCさんの出産を喜んでいましたが、忙しい時期でも午後4時になると当たり前のように帰って行くCさんの姿に、みんながどう感じているか不安に思っていたところ、不満を抱いている社員がいると知ったため、同期のCさんのためと思って、「まわりの人にもっと気を使って仕事をしないとダメだよ。みんながフォローしてくれているんだから」と伝えたそうです。

江口先生　Bさんとしてはよかれと思って言ったんですね。

青山さん　そうなんです。でも、Cさんは怒って、「子育てが大変だから時短にしているのに、私が迷惑をかけていると言いたいわけ？」とBさんを責めました。また、Cさんに「子育てをしていない人にはわからないわよね」と言われたそうです。さらに、それ以来Cさんは、Bさんがミスするたびに「こっちは時間がないの」とイラつくようになり、部内の空気も険悪になりました。Bさんはとうとう上司のA

部長に「このままではとても一緒に働けない」と訴えました。

江口先生 青山さんはこのことについてどう思いますか？

青山さん 育児休暇や時短は社員の権利であって、妨げたり文句を言ったりするような「マタハラ」行為をしてはいけないとは思います。でも…。

江口先生 でも？

青山さん もし私がBさんなら、私もきっと深夜残業しながら「なぜ自分だけが」と思ってしまいますね…。

解決経緯

江口さんのアドバイスを得て、青山さんは、Cさん、Bさんとその周囲の社員にヒアリングを行いました。育休から復職後も元の営業部門で働きたかったCさんに対して、上司のA部長は子育て中では責任のある仕事は無理だと決めつけ、雑務的な仕事ばかりをCさんに命じていた事実が判明しました。A部長がCさんの気持ちを理解せず、「子育て中」というだけで働き方を決めてしまったことは、マタハラといえます。そうした状況で、Cさんは仕事に打ち込む同期のBさんを見るたびに、取り残されていくように感じ、イライラをぶつけてしまっていたそうです。その結果、Bさんに逆マタハラをしてしまったのです。

今回のケースの根本的な原因は、上司の仕事への調整不足にあります。そのため、Cさんの希望をくんで仕事の分担を変えることにしました。また、性格に起因するトラブルの部分は変わりにくいのですが、上司が「いつも見守っている」というメッセージをCさんに発することで、露骨な嫌がらせはなくなりました。

解決のポイント

今回のケースでは、A部長の不適切な仕事の分配が問題の大きな原因となっています。時短勤務をしている従業員の背景は、千差万別です。通勤時間や、夫婦の関係性、両親や親戚の助けを得られるのかといった環境の相違により、それぞれ抱えている悩みとストレスも違います。また、子どもの成長に合わせて従業員の状況が変化していく面もあるでしょう。従業員の意向を無視して、一概に「子育て中だから、責任を負う仕事は任せられない」と決めつけることはマタハラになる可能性があります。子育て中は、子どもの体調に左右されやすく、仕事と育児で疲労がたまりやすくなります。働くモチベーションもこうした事情によって決まってくるため、管理職は、仕事の内容を決めるにあたって、本人に対する丁寧なヒアリングを行った上で、本人の意向を尊重しながら検討する必要があります。

また、本人の同意を得た上で、一緒に働く従業員にも、仕事の分担に関してヒアリングした内容を共有したり、仕事の調整について十分に話し合うなどの配慮が必要です。管理職が「困ったことはお互い様」ということを発信し、助け合いやすい職場環境を作ることは、マタハラ、逆マタハラの防止につながります。妊娠中や育児中の従業員への気遣いと同時に、代わりに仕事を負担するBさんのような従業員の気持ちをケアすることも管理職にとっては大切な責務です。

事例08

夜勤ができずに退職する従業員に「せいせいした」と言う上司

渋谷さん　システム管理部のAさん（女性・34歳）がB課長（男性・52歳）のマタハラにより、退職に追い込まれていることを訴えている件について、困っています。

江口先生　具体的な経緯を聞かせてください。

渋谷さん　システム管理部門は、時々シフトを組んで深夜勤務する必要のある部署です。Aさんは育児休業から職場復帰してから、その夜勤は免除されていました。しかも、会社の内規では「子どもが3歳まで夜勤は免除する」と定めていますが、他に免除対象者がいないことから、Aさんは子どもが4歳になった後も、特例として夜勤を免除してもらっていました。ただし、B課長はAさんに、以前から「他に免除対象者が出てきたら、特例は止めになるから」と伝えていました。

江口先生　なるほど。特例がやめになる可能性は伝えていたんですね。

渋谷さん　そうなんです。それで、同じ職場のCさん（女性・48歳）が、介護のため夜勤の免除を申し出たことにより、Aさんは、突然B課長から「今後は夜勤に出てください」と命じられました。しかし、Aさんは夫も仕事で帰宅が遅いため、子どもを預けられる夜間保育園を見つけないと、夜勤ができない状態だったのです。夜勤に応じられないとAさんがB課長にかみついたため、B課長は「そんな働き方しかできない人はいらない。それなら辞めてもらっても構わない」と言ってしまったそうです。

江口先生　その発言は、よくないですね。

渋谷さん　結局、保育園を見つけられず、Aさんは会社を辞めることになりましたが、B課長は「せいせいした」「送別会もしなくていい」と言い放った上、まだ勤務中のAさんが使用している物を撤去してしまいました。正直どちらも問題がある気がして、どう判断すればいいか、ご意見を聞きたいのです。

解決経緯

人事部は、B課長に話を聞いた上で、ハラスメント委員会を開きました。ハラスメント対策コンサルタントの江口さんに処分内容を相談したところ、「今回は厳重注意が相応ではないだろうか」という話になりました。

しかし、B課長は、人事部長の渋谷さんから厳重注意を受けても、あまり反省した様子が見られません。実はB課長も自宅で介護しながら働いているので、「自分も大変な中、仕事はしっかりやっている。あなたもやれるでしょう?」という考えがあったようです。そのため、B課長の言動については根本的な解決には至りませんでした。

B課長の上司である部長にフォローをお願いしていましたが、時間が経つにつれ、部長はあまり現場の話を聞かなくなったため、思っていたより効果が出ませんでした。そのため、今度は課長補佐にお願いしたところ、積極的にみんなの話を聞いて、職場の緩衝材になる役割を担ってくれたため、混乱していた職場は落ち着きを取り戻していきました。

解決のポイント

B課長の言動がマタハラに該当するかどうかを判断するにあたって、まず「夜勤の免除の撤回」に関する判断が重要となります。もともと内規を超えて特例として免除をしていたことなので、その撤回はマタハラにはあたりません。ただし、B課長の「そんな働き方しかできない人はいらない」という発言と、Aさんの物を撤去した行動は、ハラスメントとして認定されます。

B課長はAさんにいきなり夜勤を命じるのではなく、「今後は夜勤も頼むことがあります」と伝えて、夜間の保育園が見つかるまで待ってあげれば、トラブルを回避できたかもしれません。部下の働く環境が整うまで、職場全体の仕事を調整するのも上司の仕事です。

また、人事部の対応として、B課長と社員のフォローを部長に依頼したところ、部長は現場との接点が少ないためうまく機能できませんでしたが、結果的に、現場の社員とコミュニケーションの多い課長補佐のほうが、部署の人間関係を調整するには的確な人選であることがわかりました。

B課長を立ち直らせるまでには至らなかったため、渋谷さんは、「今後はもっと加害者のその後のことまでフォローして、きちんと更生してもらいたい」と考えているようです。

事例09
介護で早退や欠勤を繰り返す部下に圧力をかける「ケアハラ」

渋谷さん　B課長（男性・44歳）から会社を辞めたいとの相談を受け、ハラスメントを受けている可能性がある気がして、調べることにしたのですが…。

江口先生　調べた結果はどうでしたか？

渋谷さん　それが、ケアハラに該当するかどうか、迷ってしまって。

江口先生　具体的に聞かせてください。

渋谷さん

B課長の高齢の父親が自宅で転倒し、大腿骨を骨折してしまいました。退院後は認知症も発症しましたが、B課長は独身で兄弟もおらず、親戚は近くにいません。病院での事務手続きや付き添い、看病を一人でこなしていましたが、父親の体調が急変することもよくあり、早退や欠勤をしないといけないことがしばしばあったそうです。介護の大変さから、最近は夜も眠れず、体力的にもつらい思いをしていたとのことです。そうした状況が数カ月続いた頃、上司のA部長（男性・50歳）に呼び出されて、B課長の不在が多いせいで仕事が進まないこと、部下たちから不満が上がっていることを責められたそうです。

江口先生

それはB課長はつらかったですね。

渋谷さん

B課長は、A部長に「介護、介護って、全然仕事ができていないじゃないか。親御さんを老人ホームに入れないと、降格になるぞ」とまで言われて、会社に迷惑をかけられないと退職を考えるように追い詰められてしまったそうなんです。

解決経緯

A部長は確かに心無い言葉を言ってしまいましたが、江口さんの判断により、1回だけの行為だったので、今回は処分はしませんでした。

渋谷さんはA部長と面談し、「今回は処分はしませんが、『降格になるぞ』という言葉はハラスメントにあたりますので、次からそういう言い方には気をつけてください」と口頭で注意しました。

一方、Bさんに対しては、「介護は一人で抱え込まないほうがいい」とアドバイスし、ケアマネージャー制度や地域の相談窓口など、介護支援に関する情報を提供しました。また、Bさんが働きやすい環境を整えるために、残業や出張はできる限り減らすよう、人事部からA部長に要請し、A部長も口頭注意を受けたことで、「悪いことをしたな」と反省していたらしく、Bさんの残業や出張を減らすよう配慮するようになりました。

これまで何の制度も利用せず、一人で老親の介護を抱え込んでいたBさんは人事部の情報共有とアドバイスを得て、ケアマネージャーに相談し、介護ヘルパーに自宅に来てもらえるようになりました。そのため、Bさんの介護の負担が軽くなり、早退や遅刻もほとんどなくなりました。

解決のポイント

介護の経験がないA部長は、Bさんの状況に対して、理解がありませんでした。このため、Bさんが課長であるにもかかわらず、自身のプライベートのマネジメントがなっていないように感じていら立ってしまったのです。

介護を理由に離職する人は、1年間で約10万人います（平成24年度就業構造基本調査より）。Bさんのように、職場の理解を得られず、仕事と介護の折り合いをつけられないことが原因で、自分自身で退職の道を選ばざるを得ない人も多くいます。その背景には、隠されたハラスメントが存在しています。例えば、「休んでばかりで全然仕事ができない、迷惑だ」「管理職としての責任感がない」、ほかにも、休暇を申請したら「もう介護に専念したらいいいんじゃないか？」と言われたなど、多くの声が寄せられています。

管理職として、A部長はまず、Bさんにどのような負担がのしかかっているのかを把握し、介護の大変さを理解すべきでした。例えば、介護において、ケアマネージャーの存在は、その後の介護の計画を立てる上で非常に重要です。介護に関する理解があれば、ケアマネージャーと面会を重ねる時間を早い段階で設けられるようにするなどフォローできたはずです。ケアマネージャー（介護支援専門員）は、介護を必要とする人が介護保険サービスを受けられるように、ケアプランの作成やサービス事業者との調整を行ってくれます。人事部としては、地域の地域包括支援センターに行く、あるいは会社に保健師がいる場合は情報を持っていることが多いので、相談してみることを、管理職や本人にすすめるとよいでしょう。

また、従業員の介護に関する休暇・休業の取得については、「育児・介護休業法」で定められています。加えて、独自の制度を設けている会社も少なくありません。介護の悩みを抱えている部下がいる場合、管理職として、それらの制度を説明し、その利用を促すべきです。Bさんのように経験豊富な年代は組織としても貴重な人材であり、介護しながら働けるようサポートするのも上司の役割です。

介護で気をつけたいのは、一人で抱え込み過ぎないようにすることです。周囲の助けがあれば、仕事と介護の両立は不可能ではありません。人事部は、従業員の介護離職を防止するよう、例えばポスターやインターネットを使って、関連法規や制度について周知し、早めにフォローできる体制を整えましょう。

事例10
部下がLGBTであることをついほかの人に話してしまい…

青山さん 出勤状況を確認しているときに、営業部のBさん（男性・28歳）が長らく休んでいることに気がつきました。そこで、上司のA部長（男性・42歳）に問い合わせたら、音信不通になる前に、Bさんから送られたメールを見せてくれました。それがなんと「会社には怖くていけないし、この先、働くことはできない。訴訟も考えている」という大変な内容でした。先生のアドバイスを伺いたいです。

江口先生 BさんとA部長の間に何があったんですか？

青山さん A部長に聞いても、言葉を濁してしまうので、渋谷さんとBさんに会いに行きました。実は、BさんはA部長のもと、チームワークのいい部署での仕事にやりがいを感じていたそうなんです。Bさんはゲイ（男性同性愛者）ですが、カミングアウト（公表）はしていません。最近は、同期で結婚する人が増えていて、よく「彼女はいないの？」などと聞かれていたそうです。あいまいな返事を繰り返すたびに、自身のアイデンティティーを否定しているようで、苦しい思いをしていました。そこで、勇気を出してA部長にだけゲイであることを打ち明けたそうなんです。するとA部長は「俺は偏見を持たないから、これまで通り安心して仕事をがんばってほしい。困ったことがあったら、なんでも相談して」と答えてくれたそうです。ところが数カ月後から同僚や先輩たちが妙によそよそしくなり、自分が職場に入っていくと、会話が止まり静かになることがあったとのことです。そんなある日、別の部の同期から「ゲイって本当なの？」と聞かれたそうなんです。実は、A部長が別の部長と飲んでいるときに、うっかり漏らしてしまったのです。

解決経緯

A部長の行為は、Bさんのセクシュアリティー（性のあり方）を本人の同意なしに、第三者に伝えてしまう「アウティング」と呼ばれるもので、問題になります。アウティングは、当事者に自殺を考えさせるほど、精神的なダメージを与える行為ですので要注意です。

A部長自身は偏見がないと思っていましたが、アウティングの知識はありませんのでした。また、Bさんが悩んだ末の告白だったことへの想像力も欠けていたといえます。

LGBTに対する理解を深めることが、差別や偏見をなくすと考えた青山さんは、「LGBTに関する研修をしよう」と意気込みましたが、「研修をするのはいいことですが、このタイミングで行うのは、やめたほうがいい」という江口さんのアドバイスを受け、会社全体の研修ではなく、まず、A部長の部署で勉強会を開催することにしました。Bさんと同じ部署の人は、LGBTの基礎知識と、アウティングされることでどれほど傷つくのかについて学びました。

勉強会の後、部長はアウティングしたことを後悔し、Bさんに会いに行きました。「うちの部署でLGBTの勉強会をした。ひどいことをしてしまってすまなかった」というA部長の誠意の込もった謝罪をBさんは受け入れ、職場復帰することができました。

解決のポイント

多様な人材が働く現代では、企業はLGBTの問題について、あらかじめ想定しておくべきです。国、行政レベルでのLGBT支援は進み、男女雇用機会均等法の指針の中でLGBTに対するセクハラ防止も明文化されています。企業の管理職がLGB

Ｔについて無関心・無知であることは許されない時代なのです。

また、ＬＧＢＴの理解を深めようという活動は広がっていますが、当事者意識には差があるのが現状です。ＬＧＢＴであることを公表する人がいる一方、知られたくない人もいることを理解すべきです。

今回問題となったのはアウティングという行為です。この言葉が広がるきっかけとなったのは、「一橋大学アウティング事件」です。２０１５年４月、一橋大学の学生が、自身が同性愛者であることを告白したところ、その相手にアウティングされてしまいました。秘密を暴露された学生は２０１６年に投身自殺し、遺族が相手側の学生と大学の責任を追求する訴訟を起こしています。

このような不幸な事件を起こさないためにも、トラブルが発生する前からＬＧＢＴに関する教育や研修の機会を増やすことが求められています。企業は、相談窓口を設け、担当者に対して、性的マイノリティーの人が抱えやすい悩みを理解することができるように、受け答えや会話のロールプレイングも実施しておくとよいでしょう。なお、今回のように、トラブルが発生した後のフォローとして研修を実施する場合は、実施方法を慎重に検討する必要があります。例えば、全社で研修会を開催する場合、開催のきっかけとなったＢさんのことがウワサになり全社に広がるおそれがあります。そうなると、Bさんの傷口に塩を塗ることになってしまうでしょう。それを避けるために、江口さんはまずBさんと同じ部署の従業員に研修を実施することをすすめたのです。

事例11 強い匂いによる「スメハラ」を指摘したら逆ギレされた

渋谷さん 特殊な相談を受けました。ある社員の匂いがきついということで、職場でもめた部署があり、どう対処すべきか、江口先生のご意見を聞きたいです。

江口先生 匂いですか？

渋谷さん はい、A部長（男性・47歳）が数カ月前、部下のBさん（男性・31歳）から、隣のC先輩のことで出勤が憂鬱になっているとの相談を受けました。Cさん（女性・46歳）は香りの強い柔軟剤を使っているようです。さりげなく聞いても、「いい香りでしょう？」と笑顔で返されてしまい、Bさんは我慢していましたが、日に日に香りの強さが増していきます。とうとう気分が悪くなり、仕事に支障が出るようになってきたそうです。

Bさんはずっと我慢していたんですね。

はい。相談を受けたA部長はCさんに「少し、匂いがきつすぎるんじゃない？　みんな言っているぞ」と指摘したそうです。するとCさんは激怒して、「私のは柔軟剤のいい香りです。それより、Dさん（男性・51歳）の体臭をどうにかしてくださいよ！　ちなみに、A部長もたまに臭うことがありますよ」と反撃されたそうです。

こんな言い方をされたら、女性は恥ずかしくて怒ってもおかしくありませんね。

その後、Cさんは香りを抑えるどころか、Dさんの席の近くで消臭スプレーを噴霧したりするなど、事態が悪化してしまったんです。

解決経緯

「匂いについては感じ方が人により異なりますので、まずは社員間で共通の認識をもつ必要がある」という江口さんのアドバイスを受け、渋谷さんと青山さんは「匂いに関する研修会」を行いました。研修の出席率がとてもよく、社員からの関心の高さが窺えました。

研修を通して、「性別による匂いの感じ方の違い」や、「体臭のメカニズム」「どうやったら対策できるのか」について勉強した上で、Cさんと同性の青山さんがCさんを個別に呼び出して「柔軟剤や香水などの人工的な匂いは、量を調整するなど、気をつけてもらえないか」と話しました。

また、姿が見えなくても、そのエリアにいることがわかるくらい強烈な体臭の持ち主のDさんに対しては、渋谷さんが個別に面談して、「同じ部署の方から、こういう話が出ているんです。もしかしたらワキガの可能性もあるので、生活習慣などを見直していただけないでしょうか」とお願いしました。Dさんも最初は激怒していましたが、渋谷さんが根気よく話し合いを続けた結果、対策を講じることを約束してくれました。これで、匂い騒動は収まりました。

解決のポイント

匂いや香りの感じ方には個人差があります。どこからが匂いによるハラスメント（スメハラ）になるのか、基準は難しいです。判断の参考となるのは、被害を訴えているのが一人なのか、複数人なのかということです。今回のケースでは複数の同僚が不快に思っているので、スメハラの可能性は高いと判断しました。

スメハラは、デリケートなところを指摘し、相手を怒らせたり傷つけたりする可能性が高いため、直接指導するのが難しい問題です。とはいえ、まわりに被害が出ている以上、上司としては伝えなくてはなりません。伝え方としては、必ず二人きりで、できれば同性から伝えるのがおすすめです。また、相手を非難したり悪者にしたりするような言い方はしないことを心掛けましょう。例えば、「自分も柔軟剤を使い過ぎて、隣の人から注意されたことがある」「柔軟剤は使用量が難しい」など、相手が受け入れやすいような言い方を考えましょう。

体臭に原因があるような場合は、「自分も気になるから、一緒に対策をしよう」という誘い方をする人もいます。実は、企業から体臭に関する相談は増えています。体臭は加齢だけが原因ではなく、生活習慣の問題や病気が隠れていることもあるので、そのメカニズムを理解した上で対応するのが効果的です。

column 03

ハラスメントの時代的な背景

日本では、20世紀後半にかけて、人権意識の高まりとともに、職場や家庭などで暴力や嫌がらせ、虐待などのハラスメントが行われていることが相次いで明らかになってきました。１９８０年代には、職場におけるセクハラや、学歴差別を行うアカデミックハラスメントがクローズアップされるようになりました。１９９０年代以降は、不況や雇用構造の変化にともなうリストラを背景にしたパワハラが社会問題となっています。また、２０１０年代以降はマタハラやモラハラなど、各種のハラスメントがニュースに取り上げられるようになりました。

多くの人が日ごろから感じているモヤモヤとした事柄に「名前」が与えられ、「言語化」されることで、一気に社会現象化することがあります。

例えば、一昔前であれば、「バカヤロウ！」と怒鳴られたり、殴られたりすることは、教育的指導の範疇だと思われ、黙認されていましたが、その行為に「パワーハラスメント」という名前が与えられたことで、「職場で暴力をふるうのは不当な事柄であり、違法である」という認識を大勢が共有することになったのです。

とりわけ近年、日本では、毎年2万人から3万人の自殺者が発生しています。その多くがリストラで職を失ったり、住宅ローン等の多重債務を抱えたりした労働者です。また、各地の労働相談所に寄せられる職場に関する相談においても、「職場におけるハラスメント」についての相談が、「退職・解雇」や「労働条件の切り下げ」といった相談を上回るようになってきています。自殺に至るまでには多様かつ複合的な原因と背景があり、様々な要因が連鎖する中で起きています。その中で「職場の人間関係」も大きな一因となっています。

このような中で、企業におけるメンタルヘルス対策として、「心のケア」や心の健康を保つ職場環境保全措置の一つ、職場におけるハラスメントの防止対策は必要不可欠となっています。これから、ハラスメント防止の社会的、法的意義づけの必要性がますます高まっていきます。

第2章

ハラスメント過敏は残念な「マネジメント」につながる

ハラスメントと業務上適切な指導

「パワハラ」という言葉が普及したことで、明らかなパワハラ行為といえる暴力や暴言が減っている一方、パワハラなのか指導なのか簡単に判断できないようなグレーなケースに対する相談が増えてきています。

「使用者の職場環境配慮義務に関する実態調査」（東京労働相談情報センター）の結果によると、「パワハラが起きたときに対応が困難と感じること」で最も多いのが、「パワハラと業務上の指導との線引き」でした。パワハラは「業務上の適正な範囲を超えて」行われるいじめや嫌がらせのことですが、どこまでが業務上の適正な範囲内での指導なのか、どこからが適正な範囲を超えたパワハラなのか、その境界はあいまいです。「指導のつもりだったのに、パワハラと言われてしまった……」という無意識なパワハラも少なくありません。

セクハラの場合も判断が難しい場合がありますが、慎重を期して、少しでもセクハラととられる可能性がある言動はすべて控えておけば、問題になることはありません。それと比べて、パワハラの場合、慎重になりすぎると、適切な指導ができなくなってしまうという問題があります。さらに、「パワハラだ！」と指摘されることをおそれるあまり、部下とコミュニケーションをとることを避け、かえって信頼関係を損ねてしまう人もいます。

「業務上の適正な範囲を超えた指導」と判断されるのは、次のようなケースです。

【直接攻撃】

言葉、態度、行動で直接攻撃する行為です。

（例）

・いつも大声で叱る
・直接的な暴力をふるう
・特定の人に嫌みや皮肉を継続的に言う　など

【否定】
その人の仕事や人格、存在を否定したり無視したり、拒絶したりする行為です。
（例）
・能力を不当に低く評価したり、評価に関して脅すようなことを言う
・業務上の相談に全くのらない、部下が困っていてもかかわらない
・挨拶されても無視する、冷たい態度をとる、話しかけない、仲間はずれにする
……など

【強要】
自分の考えを相手にも強要する行為です。
（例）
・部下に、自分のやり方や、完成するのが無理な仕事を一方的に押しつける
・不必要な残業を強要したり、休みを全くとらせない……など

【妨害】
その人の業務を妨害したり、仕事を奪ったりする行為です。

（例）
・仕事を与えない
・経費を使わせない、会社の備品を与えない……など

【過干渉】
業務を超えてその人に干渉する行為です。
（例）
・私生活やプライベートについて勝手に指示をする
・夜中や早朝にたびたび電話をしたり、メールを送ったりする……など

続いて、業務上必要な指導の例を見てみましょう。

パワハラではない業務上の適正な範囲内での指導の例

・ミスをした社員を注意し、具体的な改善策を示す
・一度注意したのに勤務態度が改善しない社員を厳しく指導する

・仕事上の議論や対立
・行き過ぎない程度の仕事上のプレッシャー

過去に、「上司や先輩が人格を否定する言動や不当な差別的取扱い、そのほか嫌がらせ行為をし、また違法な退職勧奨などをしたことから原告が精神的損害を受けた」として慰謝料などを請求したが、適正な範囲内での指導と判断され、不法行為の成立は認められなかった判例（雄松堂書店事件　東京地裁判決／平成25年9月26日）があります。

原告が上司や先輩から指導を受けていたにもかかわらず、上司に対して営業活動の報告や確認をせずに退勤する、社会人としてのマナーを守らない、など、勤務態度に改善すべき点があり、これらの問題に対して、上司や先輩が行った指摘は業務上の適正な範囲内での指導と判断されたのです。つまり、業務上必要性のある適切な指導であれば、たとえ受け手側が傷ついたと訴えたとしても、パワハラになることはありません。

「頻度」「場所」「信頼関係」も判断のポイントに

パワハラになるかどうかの判断のポイントとなるのが、「頻度」と「場所」です。

暴力や脅迫、人権を侵害するような言動は、たとえ1回でもパワハラになりますが、「こんなこともできないのか？」と一度叱っただけでは、おそらくパワハラと認定されません。けれどもこうした言葉を毎日のように言われると、受け手側の精神的ダメージが大きくなるので、パワハラと判断される可能性があります。

指導の場所もポイントです。同僚のみんながいる場で叱ったり、メールにCCをつけてほかの人も見られる状態で注意したりするのは、受け手の苦痛の度合いが大きいとみなされ、行き過ぎた指導としてパワハラとなる可能性があります。

また、相手が指導と感じるか、パワハラと感じるかは、日頃の信頼関係によっても変わってきます。信頼関係があれば、厳しく注意されても素直に受け入れることができますが、信頼関係がないと嫌がらせだと受け取られる可能性も高くなるでしょう。たとえパワハラとまでは言えない言動でも、パワハラとして受け取る部下とトラブルになったり、部下が大きな苦痛を感じメンタルヘルス不全になったりする事態は、なるべく回避したほうが望ましいでしょう。

そのため、普段からこまめにコミュニケーションを図り、相手の反応や表情を読むことも、無意識のパワハラ行為や、適正な指導がパワハラと受け取られることの防止において大切な取組みです。また、信頼関係さえ築けば、もし意図せずに相手を傷つけるようなことを言ってしまっても、すぐに謝れば、大事になることは少ないと思います。お互い気持ちよく働けるよう、相手を尊重してコミュニケーションをとりましょう。

ハラスメント過敏の5つの事例

事例01

管理職は適切な対応をしたが、社員がパワハラを訴えてきた

渋谷さん　社員のBさんがA課長に人格を否定されたと訴えてきたので、ヒアリングをしたのですが、A課長は日ごろからパワハラにならないように、部下への指導に気を使っている方で、とてもパワハラを働くような人には思えませんでした。

江口先生　Bさんが主張している人格否定ですが、具体的にどんなことをA課長に言われたのですか？

渋谷さん　軽微なミスをしたBさんに、「こんな事もわからないのか」と言っていたそうです。A課長はBさんに何度も仕事の進め方を指導したけれども、一

向に進歩がないので、そのときついつい言い過ぎたようです。でも、1回だけでしたし、A課長はその後すぐBさんに謝ったので、人事部としてはパワハラとは言えないと判断をして、Bさんにその旨を伝えました。しかし、Bさんは納得してくれなくて、外部に通報すると言い出しました、どう対処すればよいでしょうか？

解決経緯

青山さんは訴え出があったときに慌ててしまい、渋谷さんや赤坂さん、上司に相談をして、内容の検討をせずに、すぐに課長のAさんに話をしてしまいました。

後から青山さんがヒアリングに行ったところ、Aさんは「指導はしているけれども、人格否定はしていないし、フォローもしている。前回は少し言い過ぎたけれども仕事上の注意である」と主張しました。

江口さんの指導の元、渋谷さん、青山さんに、人事部の赤坂課長も加えて、Bさんに対して再度説明を行いました。今回は、「人格否定」や「パワハラ言動」と「教育指導」の違いを丁寧に説明しました。Bさんは「上司の姿勢のほうばかり気になっていたので、仕事にもっと集中します」と納得し、その後、再度訴え出をすることはありませんでした。

解決のポイント

パワハラに対する意識が高まるなか、最近はパワハラとはいえないケースで、被害を訴える従業員が人事部に対して「対処をしてくれ」と要請する事例が増えています。そのような場合も丁寧に当事者にヒアリングを行う必要があります。パワハラではないと判断したときは、訴え出をした人にどう説明するかが重要です。特に、会社の説明に納得できず、別の機関に訴えたり、同じ問題を起こしたりするリスクがあるので、本人が納得するまで丁寧に対応する必要があります。指導とパワハラの違いや、パワハラではないと判断した理由とその経緯をきちんと説明し、理解を求めましょう。

人事部として「パワハラではない」と説明する際は、例えば「中立に調査をした結果、あなたにとって行きすぎと感じるところはあったかもしれないが、人事部としてはパワハラとまではいえないと判断した」のように、落ち着いて伝える必要があります。

その際に、訴え出た人から反論される可能性もありますが、良くないのはその反論を受け付けない対応です。反論も受けとめた上で、「どうしても気がかりなことがあれば相談してください」と伝え、訴え出た人の逃げ場を作ることも必要です。

事例02 部下同士のトラブルに指導ができない上司

渋谷さん 管理職に対するハラスメント防止研修を定期的に開催している結果、管理職の言動がだいぶ改善してきています。でも、社員同士のトラブルでまた困ったことが発生しました。

江口先生 具体的に聞かせてください。

渋谷さん 先日社員のBさん（男性・32歳）が退職してしまったんです。その時、初めてBさんがパワハラを受けていたことを聞きました。

江口先生 つまり、管理職からではなく、ほかの社員からハラスメントを受けたということでしょうか？

渋谷さん そうです。Bさんの先輩Aさん（男性・38歳）が日頃からBさんに対して、「お前はなんでそんなにできないんだ」と怒ったり、「Bは本当にできないやつだ。この仕事はまわせない」とみんなに吹聴したりしていたそうなんです。そのため、部署で孤立してしまったBさんが、体調を悪くして欠勤することも多くなってしまったとのことで…。

このことに対して、Bさんの上司は何か対応をしたんでしょうか？

実は、Bさんの上司のC部長は、Bさんの体調に気を遣って話を聞いてはいたそうなんですが、主張の強いAさんを注意しようとしても、反論されたり、逆にパワハラと訴えられたりすることをおそれて、結局掘り下げて話し合いができなかったそうなんです。ついにBさんは会社を辞めてしまって、C部長はとても後悔しています。このことを赤坂課長に報告したら、今後同じようなことが発生しないように、人事部として対策をとるべきと命じられました。

解決経緯

江口さんも赤坂さんと同じ意見で、人事部から社員間のハラスメントについて対策を取ることになりました。

まずは、渋谷さんがC部長に「パワハラと指摘されるのが怖い気持ちもわかります。残念ながらBさんは辞めてしまったけれども、次に同じようなことがないように、しっかりと部下に話をしてほしい」と伝えました。人事部のアドバイスを受け、C部長は部下との面談の場を定期的に作り、部下からの週報に対してしっかりと返事をするなど、部下とのかかわりを丁寧にするようにしました。Bさんは残念ながら退職してしまいましたが、C部長は管理職としての大きな反省をもとに対話を重視するようになりました。

解決のポイント

C部長は、部下にパワハラといわれることを嫌がって、部下同士のトラブルにしっかりとかかわることができませんでした。

上司は、主張が強い部下やおとなしい部下、いろいろなタイプの部下にしっかりと向き合うことが重要です。

人事部としては、パワハラ行為として行ってはいけない言動だけを強調するのでは、パワハラの予防として十分ではありません。職場の健全なコミュニケーションの大切さも同時に伝えていく必要があります。また、事例のように、部下に指導すると、パワハラと反発されるおそれがある場合、管理職に対して「部下と面談したときはしっかりと自分用に記録をとっておき、それを見直して自分と相手とのかかわりがどうだったかを振り返る習慣をつけてください」などと、アドバイスをするとよいでしょう。

事例03 本当にセクハラ？ほかの人は何も感じていないとき

渋谷さん 今回の件について、人事部としての対応の一体どこが問題だったのか、江口先生のアドバイスを聞きたいです。

江口先生 労働局の調査が会社に入ったことは聞きました。大変でしたね。具体的な経緯を聞かせてください。どうやって改善すればよいかを一緒に考えていきましょう。

渋谷さん ことの発端は若手女性社員のAさんが、ハラスメントに関する社内研修のアンケートに、「B部長からセクハラを受けた」と書いたことです。私と青山さんがすぐにヒアリングを行いましたが、B部長はお客様の意見をざっくばらんに聞ける機会と思って、Aさんを彼女の担当の顧客との会食に誘っていて、Aさんにとって、この会食がとても負担に感じたそうなんです。

会食の席で、何かあったのでしょうか？

いいえ。会食の席は和気あいあいと進んだそうですし、お客様も紳士的で、一次会で終わり、すぐに帰宅したそうです。B部長は「セクハラ発言は、私もお客様も無かったと思う」と主張していました。念のために、ほかの部員からも話を聞いたところ、「部長はざっくばらんなところはあるけれども、セクハラ発言はない」とのことで、人事部としてはセクハラの事実はないと判断し、Aさんに伝えました。

Aさんは納得しなかったでしょうね。

Aさんは労働局に相談にいき、労働局から会社に調査が入りました。結果的に、労働局の調査も「セクハラの事実はない」という結論になりましたが、その間、部署内での人間関係がギクシャクしてしまい、会社の雰囲気も悪くなり

ました。

解決経緯

人事部としては「セクハラはない」と判断をして、Aさんに伝えました。ただAさんは納得ができず、労働局にも相談にいき、労働局による斡旋を希望しました。労働局から会社に調査も入りましたが、「セクハラの事実はない」という結論になりました。

その間、部署内でお互いの人間関係がギクシャクしてしまいました。

解決のポイント

会社にはいろいろな人がいます。人間関係に敏感なところがあり、大きな声や音も苦手なAさんに対して、声が大きくざっくばらんで、部下への労いの言葉や食事の誘いも多いB部長のように、性格が真逆な場合、何気ない言動をセクハラやパワハラと受け止めてしまう可能性もあります。

人事部として対応する際に、まず事実がどうであるかにかかわらず、その思いを十分に受け止める必要があります。調査を淡々と進めすぎると、調査結果に相談者が納得をせずに、問題が大きくなってしまうことがあります。こういう場合の対応ポイントとして、あらゆる相談は「傾聴」をしっかりして、不満を吐き出させることが基本です。話は否定せずに聞きましょう。「会食の場は苦手なんですね」「どうしても会食がつらいようなら、また相談してください」と伝えるとよいでしょう。

事例04

ハラスメントと言われたくなくて部下の指導ができない上司

ハラスメントに関する相談があるのですが。

ハラスメント被害を訴える社員がいるのでしょうか？

実は、その逆です。私の同期から上司のA課長（女性・45歳）が部下にメールで指示するだけで、ミスがあっても何も指導しないことを相談されました。A課長の話を聞いてみると、多忙を極める中で、部下が業務に悩んでいたり、仕事の進め方に困っていたりすることに気づいてはいるのですが、自分からゆっくりと指導する時間もとれず、ついついメールで業務指示だけになっているとのことです。

メールで業務指示を行うだけというのはよくないですね。

それが原因で、ミスをした部下に厳しく指摘できないこともありますが、本当の問題は、A課長が世の中でパワハラが騒がれていることを気にして部下の指導に引き気味になっていることです。部下に指摘しようとすると、「パワハラといわれたらどうしよう」と気になり、いつも二の足を踏んでしまうそうです。でも、部下たちは「課長はメールしか送ってくれないし、相談をしても顔も見てくれない。何も指導をしてくれない。問題があってもスルーしている。上司とは思えない」と文句を言っています。

解決経緯

赤坂さんはAさんに「忙しいときこそ、部下の話をしっかりと聞いて、問題点はしっかりと指導してよい」と話しました。Aさんはほかの管理職の人にも、話を聞きに行ったようです。「時には厳しいことも言おう」と心に決め、部下と向き合うようにしたところ、部下とのコミュニケーションも増え、仕事がスムーズに進む職場に変わっていきました。

解決ポイント

パワハラを怖がって部下と向きあうことを避けていると、かえって信頼関係が薄れてしまいます。上司は「仕事はどう?」と部下にマメに声をかけ、コミュニケーションをとる努力をする必要があります。

そして、管理職として、部下のミスをしっかりと叱ることも仕事です。例えば「だからあなたはダメなんだ」という全否定的な言い方は相手を傷つける上、どこがダメなのかは伝わらず、ミスの改善にはつながりません。叱るときは、具体的に「ここがダメだよ」「何回か指摘しているのに変わらないのは仕事のやり方に問題があるのではないのかな」などと、仕事の問題点にフォーカスをあてて、さらに改善策を一緒に考えるようにしましょう。

うまくいかないときには、一人で悩まず、自分がちゃんと部下指導できているかどうか周囲の人にも聞いてみましょう。

事例 05
ハラスメント過敏により、コミュニケーション不全に職場が陥っている

青山さん　会社でストレスチェックを行ったのですが、ある部署だけ突出してストレスが高いことがわかりまして、その部署にヒアリングをしました。

江口先生　ストレスの原因を突き止められましたか？

青山さん　はい。原因はコミュニケーション不全と思われます。その部署の部長Aさんが、自分の部署でハラスメントやいじめが発生することを極度におそれて、部下たちとの会話を避けていたようです。

江口先生　それは問題ですね。

青山さん　それから、その部署は外出の仕事が多く、部員同士もコミュニケーションをとる時間が少なく、やり取りはメールがほとんどというのです。部員のBさん（男性・35歳）の話によると、希薄な関係に疑問を持っている人もいますが、部長にはいつも「ハラスメントにならないよう言動に注意してください」と強く言われているので、よけいなコミュニケーションを取らないほうが無難かなとあきらめの気持ちを持っているそうです。

江口先生　コミュニケーションを取ることを、みんながあきらめてしまっているんですね。

青山さん　隣の席でもメールでやりとりするのが基本で、指導や指摘も全てメールとのことです。上司に相談もできず、部員たちがみんな「息苦しさと疲れを感じている」と言っています。

解決経緯

江口さんの提案の元で、人事部は、ストレスチェックの結果を踏まえ、全部署の課長以上の管理職と話をする場を設けました。そこで直接コミュニケーションすることの重要性を話したところ、A部長も自分の部署の問題に気づきがあったようです。

その後、Cさんの部署では、誰かに助けてもらったときや親切にしてもらったとき「サンキューカード」を渡す取組みや「あいさつ運動」「ほめるミーティング」などを導入するなど、コミュニケーションを図る取組みを通して、お互いの人間性を理解するようになってきました。少しずつですが、部署の一人ひとりのコミュニケーション意識が改善していくようになっています。

解決のポイント

Cさんの部署では、ハラスメントやトラブルをおそれて、お互いに距離をとることにしていましたが、かえって職場のギスギス感が増していました。

厚生労働省の企業に対する調査により、ハラスメントが発生しやすい職場環境の特徴の一つとして、「コミュニケーション不足」が挙げられています。失言や不注意をなくすためにコミュニケーションを避けることは、逆にハラスメントのリスクを高めてしまうおそれがあります。

一方で、積極的にコミュニケーションを図り、上司と部下、同僚同士の信頼関係を築くことは、ハラスメントの防止に有効です。この事例のように「サンキューカード」を渡したり、まめに話しかける習慣を作ったりするなど、プラスのメッセージが伝わる環境づくりが大切です。

column 04

指導的立場の人が抱えるストレスとハラスメントの関係

誰しも、仕事が大変で余裕がなくなってくるとハラスメントをしやすくなるというのは、みなさんが納得するところでしょう。

私は起業する前、会社員として働いていました。勤めている間に会社は急成長し、複数の業務を担当していた私は、膨大な量の仕事を抱えこんでいました。私自身、まわりからのプレッシャーもあり、ストレスが重なっていたようです。当時を振り返ると、周囲の人に対してキツイ言い方をしてしまった、嫌な思いをさせてしまったという反省があります。

この経験からわかったのは、人は精神的な重圧や過度のストレスがあると、物事が見えなくなり、相手がどう感じるのかといったことまで思いやれなくなるということです。余裕のなさから、無意識に相手を傷つけるような言動をしてしまいがちです。

特に指導的立場にもなると、任される仕事の責任も重くなり、業務も多岐に渡ります。部下を率いている分、人間関係のストレスもたまりやすくなってしまいます。

年々、増加するストレス要因

近年、グローバリゼーションの進展から、企業間の競争が激化しています。かつては当たり前だった終身雇用制度は崩壊寸前であり、労働者がリストラや雇い止めの憂き目にあうことも珍しいことではなくなってきました。人員整理などによって人手が減った職場は、忙しすぎる環境を生み出し、労働者は絶えず大きなストレスにさらされることになります。

ハラスメント行為をしてしまう行為者の中には、自分自身が過剰なストレスをためている人がたくさんいます。過剰なノルマや、家庭や金銭問題などの大きな人生の問題を抱えていて、そのストレスのはけ口として、いじめやハラスメントをしてしまうことがあります。

こういう人の典型的な特徴は、普段から眉間にしわが寄っていたりして不機嫌そうに見えることです。また、感情にまかせて怒鳴り散らした後、急に優しくなるように、感情の波が激しいです。このような、ストレスが主な原因でパワハラ行為を行ってしまう管理職にその行為を改めさせるには、ヒアリングを重ねて、ストレスの原因を洗い出すことが必要です。根本的な原因を取り除くことができれば、問題行動も自然と治まってくるはずです。

column 05

なぜ「ハラスメント過敏」がおきているのか？

人権意識の高まりとともに、様々なハラスメントの概念が広がることで、今まで我慢していた人たちが声を上げやすい社会になってきました。ニュースを見ても、ハラスメントの問題は毎日のようにそこかしこから、あふれてきます。

ハラスメントと日本型雇用慣行の関係を見てみましょう。日本はいままで年功序列を前提としたタテ社会であったため、上司や先輩からの指導が行き過ぎたとしても、ある程度黙認されてきました。加えて、日本の企業はいままで終身雇用制がほとんどですので、同一の企業で定年まで働き続けることが少し前までは当たり前と思われていました。社員からの会社への信頼度が高く、「いま耐えれば自分もキャリアアップできる」「給料が上がって、車を買ったり家を建てたりできるようになる」という希望が大きいからこそ、従業員もその行き過ぎた指導に我慢できていたという部分はあると思われます。

しかし、年功序列や終身雇用といった日本型の雇用慣行は崩壊寸前で、景気が悪くなったときには大量リストラや早期退職の勧告も行われ、労働者の会社に対する信頼感は薄れています。一つの会社に尽くしていれば、将来が保証されるという考えがなくなるにつれ、働き方も従来の滅私奉公型から、ライフワークバランスを重視する働き方へとシフトしてきました。いままで我慢できた原因がなくなると同時に、ハラスメントの概念が広まり、労働者が上司や会社にははっきり物を言ってもいいという空気が醸成され始めています。

そうした時代の変化を感じている人ほど、「後輩に厳しく指導したらパワハラになるだろうか？」「飲み会に誘ったらアルハラになるだろうか？」と戸惑いを感じています。なぜなら、いままで見本としている自分自身が受けてきた指導などが通用しなくなったからです。判断基準が分からなくなった結果、ハラスメントに対して過敏になってしまい、言いたいことが言えなくなってしまったのです。

一方で、部下のほうでも、嫌いな上司のやることに対して、「これはパワハラではないだろうか」と過剰に反応してしまうケースがあります。上司の言動を何でもかんでも「パワハラだ」とネガティブにとらえてしまうのも、一種のハラスメント過敏です。こうなると疑心暗鬼で職場がギスギスしてしまいます。

ハラスメント過敏は、正しい知識と思いやりを持つことで予防することができます。「ハラスメントと指導の境界線」をきちんと理解し、相手をネガティブな色眼鏡で見ないよう気をつけましょう。

ハラスメント過敏をなくすために必要なこと

ハラスメントに対する正しい知識を持つ

最近では「パワハラで訴えられるのが怖くて部下を叱りにくくなった」という声も耳にします。パワハラの場合、どこまでが指導でどこまでがパワハラに該当するか、判断が難しいところです。セクハラに比べてその境界が明確になっていないのが現状ですが、判例の積み重ねによって、ある程度NGな言動は明らかになってきました。

2012年にまとめられた厚生労働省の「職場のいじめ・嫌がらせ問題に関する円卓会議ワーキング・グループ報告」では、パワハラを「身体的な攻撃」「精神的な攻撃」「人間関係からの切り離し」「過大な要求」「過小な要求」「個の侵害」の6つに類型化しています。厚生労働省の「職場のパワーハラスメントに関する実態調査」(2012

年度）では、圧倒的に多かったのは「精神的な攻撃（69・6％）」でした。続いて、「人間関係からの切り離し」（21・2％）、過大な要求（16・8％）でした。パワハラの類型と、それぞれの典型例を見てみましょう。

パワハラの類型

1，身体的な攻撃

【典型例】
●ものを投げつけられた、投げつけられたものが身体に当たった
●蹴られたり、殴られたりした
●いきなり胸ぐらをつかまれて説教された

2，精神的な攻撃

【典型例】
●同僚の前で上司から無能扱いする言葉を受けた
●みんなの前で些細なミスを大きな声で叱責された

●必要以上に長時間にわたり、繰り返し執拗に叱られた

3, 人間関係からの切り離し

【典型例】

●理由もなく、ほかの社員との接触や協力依頼を禁じられた

●先輩・上司に挨拶しても無視され、挨拶してくれない

●根拠のない悪いウワサを流され、会話してくれない

4, 過大な要求

【典型例】

●終業間際なのに過大な仕事を毎回押しつけられる

●一人では達成できない量の仕事を押しつけられる

●達成不可能なノルマを常に与えられる

5, 過小な要求

【典型例】

●営業職なのに、倉庫の掃除を必要以上に強要される
●事務職で採用されたのに、仕事は草むしりだけ
●ほかの部署に異動させられ、仕事はなにも与えられない

6, 個の侵害

【典型例】
●個人所有のスマホを勝手にのぞかれる
●不在時に机の中を勝手に物色される
●休みの理由を根ほり葉ほりしつこく聞かれる

（参考資料：「職場のいじめ・嫌がらせ問題に関する円卓会議ワーキング・グループ報告」厚生労働省（２０１２））

このようなパワハラの類型をきちんと理解し、全ての従業員が「気に入らないことはなんでもハラスメントではない。指導は指導である」という線引きをすることが重要です。

部下や同僚と信頼関係を育む

ハラスメント行為に該当するかどうかの判断基準は「相手がどう感じるのか」がポイントで、指導的立場にいる人は、部下のことを受け止めることも必要です。相手の気持ちを考えずに一方的に指示や命令ばかりしていると、反抗心が生まれたり、いつの間にかメンタルヘルス不全になってしまうことがあります。

無自覚なハラスメントの裏側には、たいてい「このくらい大丈夫だろう」「自分なら許されるだろう」という思い込みがあります。「これを言ったら、相手はどういうふうに受け止めるのかな?」という想像力を働かせ、反応を見ながら話す意識を持ちましょう。相手の気持ちを考えて行動することで、信頼関係を築いていくことができます。

なお、相手とうまくコミュニケーションがとれているかどうかは自分ではよくわからないものですので、同僚や上司など、身近な人に相談し、客観的な目でチェックしてもらうといいと思います。人事部としての取組みとしては、会社の規模の大小を問わず、全従業員と面談をするなどの取組みも有効です。

コアビリーフをゆるめる

完璧主義者タイプの人がパワハラを行うリスクが高いのは、「○○○べき」という思い込みが強いからです。「部下はこうあるべき」という思い込みが強いと、いきすぎた指導に発展しやすくなります。「べき」を少しゆるめると、受け手も楽になるのではないかと思います。

部下の立場でもコアビリーフの強い人は、「上司はこうあるべき」という理想があるので、上司が少しでも理想から外れた行動をとると「ハラスメントじゃないか？」と思ってしまいます。そういう方には「コアビリーフをゆるめる練習」がおすすめです。イラっとしたときに、すぐに怒鳴り散らすのではなく、深呼吸してからコアビリーフをゆるめるキーワードを心の中で唱えてもらうと、少しずつ考え方が変わってきます。

コアビリーフをゆるめる練習の手順

1．心理テストのようなものを実施し、自分がどんなコアビリーフを持っているかに気づいてもらう

2．「完璧であるべき」「仕事は納期に余裕があっても急ぐべき」といったコアビリ

ーフが明らかになったら、それをゆるめるためのキーワードを探す

【例】

「100点をとるべき」という人には、自分に「60点くらいでもいいいか」という声がけをしてもらいます。

「とにかく急げ！」という人は、「急がば回れ」と心の中で唱えます。

第3章

パワハラ上司は変わるのか？

パワハラの発生にダメージを受ける職場

テレビやニュースを見ていると「こんなところにもパワハラがあったのか」と驚くことがあります。大きな企業や組織であっても、トップがパワハラ体質で、対策が有名無実化していることがあるようです。

直接パワハラを取り締まる法律は、現在、日本にはありません（法整備を検討中）。しかし、２００９年の土木建築会社の社員が先輩社員からパワハラを受けて訴えた事例（日本土建事件／平成21年2月19日）では、裁判により「会社にはパワハラ防止義務がある」ということが示され、注目されました。

この被害者は、先輩社員から「こんなこともわからないのか」と物を投げつけられたり、机を蹴られたりしていました。また、ほかの従業員の仕事を押しつけられて、一人深夜遅くまで残業させられたり、徹夜をさせられたりしていたのです。

この裁判では、加害者の先輩社員だけではなく、会社に対しても「職場内の人権侵害が生じないように配慮する義務（パワーハラスメント防止義務）としての安全配慮義務に違反している」「不法行為を構成するほどの違法な行為である」という判決が下されました。

パワハラはそれ自体を違法とする法律はなくても、関連する労働法などによって裁かれます。また、パワハラが精神疾患の原因となった場合は、業務災害として認定され、労災保険の給付対象となることもあります。

もし、ハラスメントが原因で裁判になった場合、企業イメージの悪化は避けられません。多くの人の記憶に残るような大きなニュースにはならなくても、インターネットなどで調べればいつまでも思い出されるので、企業イメージを取り戻すのは難しいでしょう。

だからこそ、ハラスメントの芽を早めに見つけて、大きくなる前に摘み取ることが、会社としての急務になるのです。

パワハラ上司となってしまうプロセス

パワハラは、企業や組織の体質から発生していることも多々ありますが、ハラスメントの行為者が育ってきた環境が要因となっている場合もあります。一概にそうとは言えませんが、世代別にその育った環境から、ハラスメントへつながってしまうプロセスを見てみましょう。

第二次世界大戦直後の1947年（昭和22年）～1949年（昭和24年）に生まれた団塊世代

この時代は、家庭や学校に厳格な軍事教育のなごりが残っていました。時には体罰もふるわれながら厳しくしつけられた世代のため、会社の上下関係や礼儀作法に強いこだわりを持つ傾向があります。

また、この世代は高度経済成長期に「金の卵」と呼ばれて重宝され、就職活動にさほど苦労をすることもなく、採用後も長期雇用や年功賃金といった伝統的な日本的雇用システムに守られてきました。そのため、基本的に楽観的で、ネガティブな話題が苦手です。そして、自分の価値観と異なる価値観を持つ人、特に不安を感じやすい人への理解が足りず、無意識に相手を傷つけてしまうケースもあります。また、この世代が働き盛りの壮年期にはバブルの恩恵も享受し、がんばって働けば働くほど、自分も社会も豊かになっていくという成功体験を得ていたため、「自分のやり方は間違っていない」という思い込みがあるのも特徴です。

さらに、その時代では「24時間戦えますか？」というセリフがCMで流されていたほど、男性は企業戦士となってバリバリ働き、女性は家庭に入って夫を支えるという価値観が主流でした。このような価値観の元で生きてきたため、無自覚のうちにジェンダーハラスメント（性差別）をしてしまいがちです。

1970年～1982年生まれの、いわゆるロストジェネレーション世代

この世代は、1990年代後半から2000年代前半の「失われた10年」と呼ばれた深刻な不況期に学校を卒業しています。景気が後退し、企業における新卒採用の意欲が著しく低かった時期に就職活動をした彼らは、就職氷河期世代とも呼ばれています。困難な就活や、リーマンショックによる大量リストラなど過酷な状況を生き延びてきた世代ですので、「優秀でなければ、完璧でなければ会社にいられない」という強迫観念を持っている場合があります。残業や休日出勤も積極的に行い、部下に対しても、同じような働き方を求めるケースが散見されます。

若者世代の考え方については、仕事を猛烈にがんばって昇進するより、「人並程度でいい」と考えている人が過半数を占めています。ロスジェネ世代の上司が、「俺たちは会社に滅私奉公してきたのだから、お前もがんばれ」と応援しても、「プライベートを犠牲にしてまで働きたくない」と考える部下にとっては苦痛に感じます。

このように、入社時の経済状況や雇用環境の違いから、働くことに関する意識のズレが生まれます。そのズレが無自覚なハラスメントを生んでいるのです。

世代間の違いを一人ひとりが知り、お互いを理解することが、ハラスメント予防につながります。

column 06

世代間のギャップ ～働き方への考え方の違い

ハラスメントをしている側は、相手が嫌がる行為を、悪気がなく無自覚で行っている場合があります。そうした意識のズレはどうして生まれるのかというと、前ページでも書いた通り、上司と部下の世代間ギャップが理由の一つにあげられます。第二次世界大戦後の高度経済成長、バブル景気を経験しているベテラン世代と、生まれた時から不況が続いている若者世代では、働き方に関する考え方が異なっているのです。

そのギャップを可視化するデータがあります。公益財団法人日本生産性本部と一般社団法人日本経済青年協議会が、平成30年度の新入社員1，644人を対象に「働くことの意識」を調査しました。調査結果によると、「働く目的」では、「楽しい生活をしたい」が過去最高水準で最も多いという結果が出ました。また、「経済的に豊かな生活を送りたい」も過去最高を更新しています。

この調査を長年継続してきて、調査した年の新入社員の就職活動の状況で敏感に変化する項目があります。それは「人並み以上に働きたいか」という項目です。

平成25年度から例年より「人並み以上」と回答する人数が減少し、30年度の結果は過去最低レベルに低下しています。一方で「人並みで十分」は増加傾向にあり、61・6％と過去最高を更新しました。両者の差は、調査開始以来最大の30・3ポイントに開いています。「どのポストまで昇進したいか」では、「どうでもよい」（17・4％）という回答が過去最高水準という結果になっており、このこともたいへん興味深いです。

こうした結果から、若者の過半数以上は、働くことに対して「人並みで十分」と考え、昇進にもそこまで意欲的ではないという姿が見えてきます。「会社のために成長しなければ」という上司と、「プライベートも充実させたいし、仕事はそこそこでいい」という部下の間には、当然意識のギャップが生まれます。そのあたりを踏まえて、どうやって教育していくのかを考えるのが、上司の役割になります。

パワハラをしていることに無自覚な上司への対応

上司が良かれと思ってした行為でも、部下は「パワハラだ」と感じることがあります。上司に悪気はないので、自分で「パワハラをしてしまった」と気がつくことはまずありません。人事担当者や本人の上司が指摘し、気づかせることが必要です。

また、パワハラ行為の背景には、彼らの成功体験からくる思いや、会社のために部下に成長してほしいという気持ちがあることも多くあります。人事担当者や上司が、それをきちんと傾聴して受け止めてあげることも必要です。受容するという態度が大切です。例えば、「あなたのいいところはわかりました。ただ、今のやり方だと相手にうまく通じないので、見方や態度を変えてみましょう」というふうに、気持ちを受け入れた上で改善の道筋を提案します。

そのプロセスを経ないで、「あなたは間違っています」「相手はとても不快に思っています」と批判すると、反発したり怒ったりして、話を聞いてくれないおそれがあります。相手が心を閉ざしてしまうと、こちらが一生懸命話をしても態度を変えてくれなくなります。

誰にでも「自分のことをわかってほしい」という気持ちがありますから、それを尊重し、理解や共感を示すことを忘れないでください。

パワハラ上司にもフォローが必要

パワハラのゴールは、行為者への懲戒処分ではありません。何らかの処分をした後、行為者に自分の言動を反省してもらい、立ち直ってもらうことが真の解決です。

言動は、持って生まれた性格や長年の経験の積み重ねからできているので、一時的に反省したとしても、その後のフォローがないと、ほとんどのケースでは半年程度で元に戻ってしまいます。逆に行為者の言動を改めることに成功した好事例では、行為者を身近で見守り、「変わってきたね」「よくやっているね」とマメに声掛けして、褒めてあげていた人物がいることが共通しています。

パワハラの再発を防止するために、パワハラをしてしまった人がその言動や考えを改めるために必要なものは何かを考え、それを補う人を近くに配置するのが効果的です。マメな経過観察とフォローで、パワハラが起こる前とは別人に生まれ変わることもありますので、人事部として長い目でサポートしていく意識を持つことが大切です。

パワハラ上司になるプロセスが分かる5つの事例

事例01 会社への不満がパワハラへ

渋谷さん

パワハラとは言えないかもしれないのですが、社員から気になる相談を受けました。江口先生のご意見を聞かせてください。

江口先生

詳しく教えてください。

渋谷さん

数年前会社にほかの資本が入ったことで、経営路線も仕事のやり方も変わって、それで不満やストレスに感じている管理職もいます。先日営業のBさんから所属長のA課長（男性・48歳）から毎日のように個室に呼び出されて、会社や社員への愚痴を延々と聞かされるので、困っているという相談を受けました。Bさんは、毎日仕事の時間が削られ、生産性のない話にエネルギーを吸いとられることですっかり気が滅入ってしまったようです。

解決経緯

話を聞いた江口さんは、「確かにパワハラとは言えないが、A課長のガス抜きをしないことには、部下への愚痴が止まらないだろう」と考えました。そこで、渋谷さんと江口さんはキャリア相談員の飯田さんに聞き役になってもらうことにしました。

飯田さんはベテラン社員で、おだやかな性格でとても聞き上手ですので、本業の仕事と兼任して会社のキャリア相談員に任命されている人物です。

渋谷さんからA課長に「そんなにいろいろと不満を抱えているんでしたら、うちのキャリア相談員に話を聞いてもらってはどうですか？」と提案すると、A課長は快諾し、仕事の合間に飯田さんと面談することになりました。

面談をしてわかったのは、A課長には就職がうまくいかずに引きこもっている息子がいるということです。A課長は「せっかくいい大学を出たのに……」ということで、大きなストレスを抱えていました。

飯田さんは、「お子様が行きたいという場所に行くとか、やりたいという趣味を反対せずにあたたかく見守ってください」とアドバイスしました。半年間、毎月一度カウンセリングをするうちに、A課長は息子への期待や「こうあるべき」という理想をあきらめられるようになりました。すると、不思議と会社での言動も落ちつくようになりました。「家族も仕事も思い通りにならないし、コントロールできないものなんだ」というふうに見方が変わったのです。しばらくすると、周囲に当たり散らすこともなくなりました。

解決のポイント

今回のケースはパワハラには当たりませんが、部下のBさんのメンタルヘルスに悪影響を与えていました。そのため、A課長のガス抜きをするために飯田さんと話してもらい、根本的なストレスの原因を探ることで解決に至りました。

パワハラをしてしまう人は、仕事や家庭、健康などに過剰なストレスを抱えている場合があります。プライベートのストレスとはいえ、そのストレスを軽減すれば、パワハラや周囲の社員に悪影響を与える行為自体が収まることがあるため、パワハラ行為者のストレスになっていることを探り、改善するための道筋を示してあげることは、パワハラとメンタルヘルス問題の防止につながります。会社としてできる範囲内の対策を講じるようにしましょう。

事例02 悪気がない親分肌の上司

青山さん　正式な相談ではないですが、偶然社員から悩みを聞きまして…。渋谷さんから偶然聞いた話でも対応する必要があると言われたことがありますので、相談に来ました。

江口先生　わかりました。どういう悩みですか？

青山さん　営業部のBさんは、A課長（男性・40歳）の紹介で、最近下請の会社から転職してきたのですが、転職後仕事についていけないことに悩んでいるそうなんです。

江口先生　A課長に相談して指導してもらうのが一番の対策ですね。

青山さん　私もそうアドバイスをしましたが、Bさんの話によると、A課長に質問をしても「は？　自分で考えろ！」と言われたり、何のアドバイスもなく業務を丸投げされたりするらしくて、困ったBさんが飲みにいったときにさりげなく「私は未熟なのでもう少し説明がほしいのですが……」と言ったのですが、A課長は「仕事は背中を見て覚えるもんだよ！　俺もそうしてきた」と怒られたそうなんです。

江口先生　親分肌の方なんでしょうね。

青山さん　そうなんです。A課長は学生時代、柔道部の主将として腕をならしていたことをよく自慢しています。お客様の評判も良く、フットワークが軽いことでも知られています。このようなA課長をBさんは慕っている一方で、「上司としてはどうなんだろう」という気持ちと板挟みになっているようなんです。さらに、A課長の元部下から、以前同じような目にあって異動したという話を聞いて、Bさんはますます悩んでしまっているようなんです。

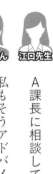

解決経緯

今回のケースは、判断が難しいグレーなハラスメントですので、どのような対処がふさわしいか、ハラスメント委員会で江口さんも交えて話し合いました。

話し合いの結果、「A課長の部下への指導には問題があるが、暴言を吐くなどの言動はしていないことから、懲戒処分はしない」という判断になりました。会社としては、A課長の言動を改善してもらいたいという趣旨で、半年かけてA課長に対する面談を実施しました。

A課長は、注意をされた後はしばらく仕事の指示や指導について配慮をするようになりますが、自分自身はストレスがかかると配慮する余裕をなくし、また元の状態に戻ってしまいます。

そこで、人事部はA課長が信頼している上司である部長からアプローチをしてもらうことにしました。まず、自分自身がストレスを抱えすぎてストレス性胃炎を起こしていたA課長に、部長から「仕事をがんばっていてとても偉いと思うけど、もう少しゆるめていいよ」と労いの言葉を掛けてもらいました。次に、部長にA課長に伝えたいことを手紙にしてもらいました。手紙には、この会社でＡ課長が自身の目標を実現するために、本当にがんばってほしいところが書かれていました。面談のときに部長本人がそれを読み上げながらＡ課長と話をしました。

このアプローチに、Ａ課長の心が動かされ、様々な気づきがあったようです。その結果、Ａ課長は自分自身の病気に向き合うようになり、大好きな揚げ物をやめ、野菜中心の食事と軽い運動を取り入れるようになりました。その結果、身体が楽になるにつれて心にもゆとりができ、Ｂさんを含め、部下たちに対する態度もおだやかになり、仕事の指示もていねいにするようになりました。

解決のポイント

人事部として、社員の噂話に介入することをためらう人は多いですが、問題が大きくなってからでは遅いので、噂話や立ち話でも、パワハラなどのトラブルの芽を見つけたらそのまま放置にしないようにしましょう。今回は人事部の初動対応が早かったために、大事になる前に解決することができました。

上昇志向の強い人は、「成功しなければいけない」「引き抜いてきた社員も成長させなければいけない」という「べき論（コアビリーフ）」をたくさん抱えている傾向があります。また、部下が次々辞めるなどのトラブルに対して責任を感じても、これまで成功体験を積み重ねてきたプライドもあり、自分を変えるのに抵抗がある人も多いです。さらに、コアビリーフが強い人は、そのせいでストレスを抱えやすく、自分自身の身体も壊してしまう可能性があります。身体がきついと気持ちも荒むので、何かの弾みに部下を攻撃してしまうリスクもあります。

会社が面談などの話し合いにおいて、その人の持っているコアビリーフを見つけて、ゆるめてあげることは、問題を根本から解決する鍵となります。

事例
03

論理的に部下を追い詰める上司

青山さんから企画部のA副部長（男性・40代前半）がハラスメントを行っていることを訴える匿名のメッセージが人事部に届いたという報告を受けました。赤坂課長も派遣会社の人から、「Aさんの下には人を送れません」と言われているそうです。パワハラの可能性が高いので、先生の意見を踏まえてハラスメント

委員会を開きたいです。

江口先生 A副部長はどんな人なんですか？

渋谷さん A副部長は完璧主義で、上司から頼まれたことはどんなに厳しいスケジュールでも絶対にやりとげるとの評判です。でも、叩き上げできたせいか、依頼された仕事は全部引き取ってしまい、常に忙しく立ち回っています。全部の仕事を自分でこなせるわけではないので、企画部の残業が増え続けていることが、人事部としても非常に気になっているところです。

江口先生 そうなんですね。渋谷さんとしてはどうしたいと考えていますか？

渋谷さん A副部長は若くして副部長になった優秀な人材です。すでに派遣会社にまで悪い評判が広まっているようですが、会社としては問題がもっと深刻になる前に、早急にA副部長の言動を改めてもらい、よりよい上司として能力を発揮してもらいたいと考えています。

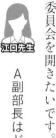

解決経緯

現状はもっと深刻かもしれないとの江口さんの予測を聞いて、人事部はすぐにAさんの職場の勤務状況を調べました。すると、Aさんのさらなる問題言動が明らかになりました。Aさんは仕事が間に合わなくなると、部下をデスクの横に立たせて「なんでできないの?」と詰問し、部下を論理的に追い詰め、その声がフロアに響き渡っているそうです。そのため、Aさんを慕う社員もいる一方、名前を呼ばれると震え上がってしまうほど怖がっている社員もいて、すでに退職者が出ていることがわかりました。

調査の結果を踏まえ、ハラスメント委員会を開きました。最終的に「今のままでは、Aさんには部下をつけられない。Aさんの言動を改善するには、他人を思いやれることを学ばせる必要がある」という結論になったため、副部長という役職のまま、人事部に異動させることにしました。その決定を伝えたとき、Aさんは涙ぐむほどショックを受けました。

人事部に異動した後、退職も考えるほど落ち込んだAさんに対して、渋谷さんが親身になって話し合いを続けた結果、Ａさんは新たな環境でがんばることを受け入れました。そして、Ａさんは渋谷さんの元で、上司としての姿勢を学ぶことになり、その一環として、業務内容の改善についての全社ヒアリングを担当することになりました。

渋谷さんから「とにかく人の話を聞くことを徹底してください」と言われたＡさんは、毎日いろいろな部署へ足を運び、1対1の面談やグループミーティングをしました。大勢の社員の意見を聞くことで視野が広がり、「会社と社員のみなさんのために役に立ちたい」という気持ちがふたたび湧いてきたＡさんは、失意から立ち直るとともに、自分自身の問題にも向き合うことができました。1年後Ａさんの言動にかなりの改善が見られたため、元の部署に戻ることができました。

解決のポイント

Ａさんのような仕事をすべて受け入れる人は、相手に認められたいという承認欲求が強い傾向があります。しかし、管理職の立場上、上から言われた無理な要求もすべて引き受けてしまうと、その分、現場は仕事の責任や負担が大きくなり、過重労働や「過大ノルマ」などのパワハラが発生するリスクが高まります。管理職として成長する過程では、個人の承認欲求を捨てなければいけないこともあります。

またAさんは自己主張が強く、部下の話を聞くことが苦手なため、ついつい理詰めで人を追い詰めてしまいがちです。今回は、「人の話にじっくり耳を傾ける」ことを徹底的に学ぶ機会を設けるため、人事部に異動させ、ヒアリングの業務を通してコミュニケーション能力を磨いてもらいました。いろんな人と会話を重ねることで、「こういう話し方をすると、相手は萎縮するんだ」「もっと言い方を柔らかくしたほうがいいんだな」ということが自然にわかってくるものです。

また、承認欲求が強い人は、足りない部分を補う理想的な上司の仕事ぶりを間近で見ることで、自分のマネジメント上の問題に気づくことがあります。また、その見本となる上司に近くで見守ってもらうことも、言動の改善に効果的です。

ハラスメントを起こした人を異動させるとき、模範となる人の近くに配置させるよう部署や席順を配慮できれば理想的です。

事例
04

一流であれ！を押しつける上司

赤坂さん　広報部に新部長のAさんが着任してから、広報部からの異動願が急に増えました。気になって、そのうちの一人に話を聞いたら、新部長の余りにも高いレベルの要求についていけず、その指導の方法にも苦痛を感じている人が多いようです。

江口先生　そうですか。Aさんはどういう人なんですか？

赤坂さん　実は、A部長は優秀なデザイナーとして業界内で名が知られています。社長のてこ入れで自社ブランドの開発に取り組むことになり、広報部の部長として来てもらった人材です。

江口先生　そうなんですね。広報部ではどんな問題が起きているんですか？

赤坂さん　はい。部下を束ねる立場になったA部長は、毎朝、部署のメンバーを集めてミーティングすることにしたのですが、目標を達成できなかった部下に対して「失敗した理由を言ってください」と叱責したり、仕事が間に合わなかった部下に「責任はどうとるんですか」と詰め寄ったりして、それが毎朝1時間以上にも及ぶそうなんです。A部長にとっては指導のつもりかもしれませんが、部下にとっては吊し上げの時間でしかありません。

江口先生

確かにそうですね。

赤坂さん

A部長は高い要求をしているにもかかわらず、具体的にどうすればいいのかを指導するわけでもなく、部下たちはどうやって目標を達成すればよいかがわからず、広報の仕事にモチベーションを持てなくなってしまっているんです。

対応経緯

人事部は事実を確認するために、広報部に対して聞き取り調査と面談を行うことにしました。Aさんと話をすることになったのは赤坂さんです。しかし、赤坂さんが「みんなAさんと同じように100%できるわけではないのだから、まずは30%くらいを目標にしてもらってはどうですか」とAさんにアドバイスをしましたが、Aさんは自分の考えを変えることができません。ついに赤坂さんは、「Ａさんのパワハラが原因で広報部の社員がみんな異動願を出しました。どう思われますか？」と言ってしまいました。業界でもカリスマと言われるＡさんは、パワハラという指摘を受けたことでプライドが猛烈に傷つき、「私はしっかりとした仕事をしている」と怒り出しました。

結局話し合いは平行線のまま交わることはなく、Ａさん自身も会社を辞めることになってしまいました。

対応のポイント

毎日、朝から1時間も説教されるのは、精神的にかなりの苦痛です。それが続けば、会社に行くのが嫌になってもおかしくありません。一方で、Ａさんには悪気がなく、自分と同じレベルのパフォーマンスを部下たちに要求しただけのつもりです。ただし、業界で有名なほど優秀であったＡさんにとっては当たり前のことでも、部下たちにとっては過大な要求になっていました。

この事例は解決に至らなかったケースです。「あなたのパワハラが原因で社員が辞めた」という言い方にＡさんが傷つき、怒らせてしまったのも一因ですが、「30％でいいんじゃないか」というアドバイスも、Aさんのやり方を否定することになっており、面談として望ましくない発言でした。無意識にパワハラを行っている行為者に対しては、どこかで肯定する必要があります。また、本人に初めて事実確認をする際に、被害を訴える側の言い分だけを話すという、中立ではない話し方も望ましくありません。

この事例の場合、「広報部のメンバーから、ハラスメントを受けているから異動したいという申し込みが何回かありましたが、一方からだけの話なので、今日はA部長のお話も伺いたいと思っています。職場の環境はいかがですか？」という質問から始めるのがおすすめです。

質問のポイントとしては、「はい」「いいえ」としか答えられない質問より、職場環境について自由に話させるような「オープンな質問」のほうが、相手の気持ちが分かるような話を引き出しやすいです。また、その際には少しずつAさんの気持ちを受け止めるように会話を続けることが大切です。Aさんの言い分を聞いた上で、「厳しい職場環境の中がんばってくださったことはわかりますが、少し強すぎた面はありませんか？」と切り出せば、Aさんの受け止め方も違ったかもしれません。

Aさんのように、周りから大きく期待されている人は、過度のプレッシャーを感じ、自分にも周囲の人にも厳しく、完璧を求めてしまいがちです。しかし、管理職としては、自分を基準とするのではなく、部下の能力や状況に合わせて、適切な目標を掲げる必要があります。人事部は、Aさんの仕事をちゃんと見つめた上で「今、職場が荒れているのはどうしてなのか。あなたが楽になるためにはどうしたらいいか」を一緒に考えてもらい、管理職としての問題点に気づいてもらうことが変容への第一歩です。

なお、Aさん自身が管理職に向いていない可能性も考えられます。現場で成功した人はプレイヤーとして優秀であっても、マネジメント能力を有するかどうかは別の話です。外部から人材を引き抜く場合、性格や適性などを十分に把握しないまま管理職にしてしまうことで、失敗するケースが多くあります。採用を担っている人事部はその見極めに注意が必要です。

事例05 取引先からのパワハラ

社員が、取引先からパワハラを受けてメンタルヘルス不全になりました。その所属長から相談を受けましたが、どう解決すればいいか分からないのです。

江口先生 どんな相談ですか？

渋谷さん システム管理部門に勤めるBさん（男性・28歳）は、得意先企業の担当者Cさん（男性・36歳）から納期を急に前倒しするなどの無理難題を日常的に突きつけられ、対応できないことを伝えると、呼び出されて「間に合わないなら徹夜してやればいいし、土日もスタッフを働かせればいいだろう」「できないなら、おたくに頼んでいる意味がない」などと言いたい放題、言われたそうなんです。また、ささいなミスをしてもすぐ電話で怒鳴られ、30分以上クレームが続くとのことです。

江口先生 それは問題ですね。

渋谷さん 上司のA課長（男性・46歳）がBさんから相談を受け、打ち合わせに同席するようにしたとのことなんですが、Cさんの態度は全く変わらなかったそうです。でも、Cさんの会社は当社の重要な得意先なので、契約を解除されることをおそれて、A課長もCさんに直接クレームを言うのは厳しい状況だったそうなんです。

江口先生　それはつらい状況ですね。

渋谷さん　A課長は、Bさんに、なんとか耐えてくれたら担当を代えると約束しましたが、システム管理部門は慢性的な人手不足状態で、なかなか代わりは見つからなくて、そのうちに、Bさんはうつ病を発症してしまったんです。応急措置として別の部署に異動させましたが、難しいのは得意先であるCさんへの対応です。

江口先生　まずはBさんに事実確認したほうがいいですね。

解決経緯

青山さんがBさんと直接面談をしたところ、品質やコストに対する厳しい要求はビジネスの慣例上常識的なこととともいえますが、Cさんの人格的な攻撃に問題があることが分かりました。

これに対して、江口さんは「取引先とのパワハラは、力関係があって厳しい部分もあります。ですが、私が知っている範囲でも、セクハラやパワハラに関してクライアントに申し入れるケースは増えています」と言いました。赤坂さんも「そういえば、うちも取引先から『御社にパワハラをする人がいる』と注意されたことがある」ことを思い出しました。A課長と人事部、江口さんが話し合った結果、Cさんへの対応は一人が抱え込むのではなく、チームで交代しながらすることになりました。

また、今後は無茶な要求に関しては、丁重に断ること、これに対してCさんからパワハラの言動があったり、無理な要求をし続けることが起きた場合、Cさんの上司や会社に苦情を申し入れるという方針を固めました。

なお、渋谷さんが取引先によるパワハラの事実を社長に報告し、人事部が決めた対応の方針について確認をしたところ、「取引先を失うことになるかもしれないが、社員のほうが大切だから」ということで、承諾を得ました。人事部は、今後も同じようなトラブルがあったときのために、会社全体のルールを定め、ガイドラインを作成することにしました。

解決のポイント

取引先のCさんの恫喝に恐怖心を覚え、直接、接していない時間も、トラウマに苦しんでいるBさんは、明らかにパワハラによるメンタルヘルス不全になっています。職場のパワハラには、取引先や顧客からの嫌がらせも含まれます。そのため、取引先などからパワハラを受けた従業員がメンタルヘルス不調になった場合、会社は安全配慮義務違反となる可能性があります。

しかし、ハラスメントの行為者が取引先である場合、「苦情を言ったら仕事がなくなるかもしれない」と心配になり、会社としても動きづらいのが実情です。特に大企業の下請けである中小企業は、一つの契約が突然切れると、たちまち経営が立ちゆかなくなるというケースも珍しくありません。

A課長のような一部署の管理職が苦情を言うことで、ほかの部署にも悪影響が及ぶことや経営上層部から厳しく叱責されるリスクが容易に予想されます。それにつけ込む形で、クライアントが無理難題を押しつけるパワハラは、下請け企業やその従業員を厳しい状態に追い込んでしまいます。

そういった事態を防ぐために、「下請代金支払遅延等防止法（下請法）」や「独占禁止法」といった、下請け企業を守る法律があります。2017年には、あるメーカーが、下請いじめで公正取引委員会から勧告を受けたというニュースが各メディアで報じられ、企業イメージが悪化しました。クライアントに苦情を申し入れるときには、「下請いじめはれっきとした違法行為であること」や、「あまりにも度が過ぎる場合は公正取引委員会に訴える」ということを伝え、改善をお願いするという手段もあります。

また、従業員が無理難題に対して断るスキルを身につけることも有効な対策になります。例えば、「休みも出勤しろ」という要求に対して、「このご時世だと土日にスタッフを動かせないんですよね、申し訳ないです」と断ることができれば、心身の負担はかなり軽減されます。アサーティブコミュニケーションという「相手を尊重しながら、自分の意向もきちんと伝える」スキルがあります。このスキルには「断り方」も含まれています。様々なお客様と交渉する必要のある部署は、こういったスキルも役立つことでしょう。

取引先との関係悪化も、従業員がパワハラによりメンタルヘルス不調になるのも、会社全体に関わる問題です。一担当者や一つの部署が抱え込まずに、会社としての対応ルールを定め、ガイドラインなどを作成することが、問題の早期発見、早期対応につながります。

column 07

パワハラ上司が変容するプロセス

ハラスメントの行為者に対しては、処罰して終わりではなく、面談などを通して、立ち直れるようにフォローすることが基本です。

ヒアリングや面談の段階では、自分がパワハラをしたことが受け入れられず、怒りや不平不満をぶつけてくる人もいます。その気持ちを吐き出させることで、徐々に落ち着いて冷静になってきます。そのとき自然と「少し言い過ぎた部分はあるかもしれない」「パワハラしたと言われるのはつらいから、変わらなければいけない」といった言葉が本人の口からポロリとこぼれることがあります。そういったワードが出てきたら、変容するチャンスです。

長い目で見ると、「ハラスメントだ」と訴えられたことがきっかけで、その人の意識や行動が変容し、一皮むけて、いい上司になる可能性もあるのです。会社としては、パワハラの再発防止のみならず、管理職の育成の面から見ても、行為者の言動が根本的に改善されるまでフォローすることは非常に意義があります。

パワハラをしてしまった人には、面談時に次のような取組みをするとよいでしょう。

行為者自身のストレスを軽減する

ハラスメントをしてしまう人は、仕事でストレスを抱えていたり、家庭に問題があったり、身体のどこかに疾患を抱えていることが多々あります。そのイライラから周囲に当たり散らしてしまうのです。根本的な問題を解決することで、心身の状態が良くなって、職場のパワハラまで収まることも珍しくありません。

また、ハラスメントの行為者には自分自身のイライラがたまってきたときのストレス解消法を見つけてもらうよう働きかけましょう。例えば、ジムやバッティングセンターに通ったり、ウォーキングしたりするなど身体を動かしてストレスを発散する方法や、瞑想などで怒りを静める方法などは、イライラを解消するのに役立ちます。イライラをためこまずこまめに解消するのがポイントです。

行為者に日記をつけてもらう

行為者に、約3カ月間日記をつけてもらう手段もあります。手帳のすみに簡単に書くだけでも構いません。その際には、「また部下がミスをして、イラッとした。スッキリするために帰りにジムに寄った」のように、起こった出来事に対して自分がどう感じたのか、負の感情にどのように対処したのかというところまで書くようにアドバイスしましょう。こうすることで、感情的にならずに、自分を客観視できるようになります。

表情をチェックしてもらう

人は自分の表情を変えることで、感情を変えることができるといわれています。パワハラを行ってしまう上司はたいていストレスがたまっているので、自然と眉間にしわがより、口角が下がってきます。こうした表情は「不機嫌そう」「怒っている」と感じさせるので、相手が萎縮してしまいます。トイレに行ったときなどに鏡で表情をチェックし、意識的に眉間の力をゆるめ、口角を上げるようにしましょう。そのうち意識しなくても表情がおだやかになってきて、周囲の印象も変わるはずです。

怒りはためこまずに、言葉を選んで小出しにする

何度も同じミスを繰り返す部下に怒りが爆発し、ほかの人の前で感情的に怒鳴りつけてしまうというのが、パワハラの典型的なパターンです。それを避けるために、怒りをため込まず、小出しにしていきましょう。

部下が小さなミスを繰り返す場合、何回か放置した後に怒りを爆発させるより、すぐに指摘したほうが、相手にとってもどこを直せばいいか理解しやすいはずです。注意するときには感情的になりすぎないように、一旦6秒程度我慢し、深呼吸してから注意しましょう。

また、むやみに相手を非難する言葉は指導として望ましくありません。例えば、部下がなかなか書類を提出しなくて困っている場合には、「なんでそんなに遅いの？」ではなく、「私は困っています」という自分の気持ちをシンプルに伝えましょう。その上で、「○時頃までに提出してほしい」という具体的な要望を伝える必要があります。

自分の要求ばかり言うと押しつけと思われる危険性があるので、相手の立場を理解して「私はこのようにしてほしいけど、できますか？」「難しそうなら言ってください」という選択肢を与えます。ポイントは相手の人格を傷つけることなく、注意したい言

動に焦点を当てることです。

ネガティブワードをポジティブワードに置き換える

そもそも怒りやストレスをためやすいのは、考え方のクセが原因になっていることもあります。特に、人の悪いところばかりが目につく「他責傾向」の強い人は、相手が思い通りにならないと、「どうしてこんなことができないんだ」とイライラして怒りをぶつけてしまいがちです。

相手の悪いところだけを見るのではなく、良さも見つけて総合的に評価していくような習慣を身につけると、怒りがたまりにくくなります。心の中でネガティブな言葉をポジティブな言葉に置き換える練習がおすすめです。例えば、部下の仕事ぶりを「要領が悪いな」と感じたときには、「粘り強くじっくり取り組んでいるな」という言葉に置き換えて、前向きに捉えるように意識するのです。

ほかにも、「気が短い」は「決断が早い」、「緊張感がない」は「おおらかである」というふうに変換できます。はじめは無理やり感があるかもしれませんが、次第に物事を見る角度が変わり、ポジティブに考えられるようになります。イライラすることも少なくなるはずです。

人の行動は長い年月の積み重ねでできているため、一度の注意ではなかなか変われません。表面的にはパワハラが収まったように見えても、ストレスがかかるとすぐに再発してしまったりします。こうした地道な取組みで少しずつ行為者が変わっていく可能性もありますが、人事部として、長い目で見守り、定期的にケアして改善に導く人を配置することも欠かせません。

column 08

正しい傾聴スキルとは

被害者に対する傾聴

セクハラやパワハラの相談は、相談窓口のほか管理職や人事担当者に持ち込まれることが多いです。相談を受けたら、まずはじっくりと話を聞くように「傾聴」することが肝心です。特に、相談者を責めたり、我慢を強いたりするような言葉や態度はタブーです。また、「あなたの考え過ぎでは？」「あなたのためを思ってのことじゃないかな」といった決めつけで対応しないように気をつけましょう。

相談をする側は、「それくらいパワハラ（セクハラ）じゃないよ」「あなたにもよくないところがあるのでは？」と言われることを、とてもおそれています。少々大げさに言っているかと違和感があったときも、まずは傾聴してください。ポイントは「共感」をしてあげることです。「いやな思いをしているんだ」「怒っているんだ」といった相手の気持ちを受け止めましょう。

ただし、共感をしても、軽々しく「同意」や「同調」をすることは禁物です。上司や人事部からの「それはパワハラですね」「セクハラですね」といった発言はとても重たいものです。事実確認を行う前に見解を発表すべきではありません。

事実確認として、相談者の同意を得て、しっかりと相手方、場合によっては周囲にヒアリングしていく必要があります。実際は、相談者から同意が得られない場合も多いです。ただ、人の気持ちは変わるものですから、2週間から1カ月ほど時間を置いて、再び相談者に「その後の様子はどうですか？」と声をかけてみましょう。

また、相談者（被害者）の心身の状況を把握することも大切です。相談の時点で不調が見られる場合には、自己判断で対応するではなく、産業医や医療機関を紹介するようにしましょう。

相談を受けた際は、たとえささいなことだと思っても、ハラスメントが起きているということは会社にとって重大事項であると捉えることが大切です。深刻な問題が潜んでいることもありますし、対応次第では相談者の不信感を生み、問題解決に支障が出る場合もあります。ありがちなのは、上司に相談をしたら、その話がいつの間にか広まって、職場のみんなが知っていたということです。相談内容を他人に教えることは、被害者の心を踏みにじる行為です。相談者や関係者に対するプライバシー保護は厳守しましょう。

行為者への傾聴

行為者に対しては注意、指導をした上で、必要があれば異動や担当業務の変更などを検討します。異動するのは、行為者が原則です。ただ、人事部としての対応は、行為者を異動させて終わりではなく、その後も定期的に「面談」を行うなど、真の改善に向けて対策を取る必要があります。

パワハラに関する指導を受けたことに対して本人はどう感じるのか、なぜハラスメントとされる言動をとってしまったのかをヒアリングしていくと、最初のうちは不平不満、怒りをぶつけてくることが多いです。ここでは傾聴に徹して、相手に反論しないことが大事です。例えば、「あなたとしては、そう思われているのですね」「ここが問題だとお考えなのですね」のように、否定も同調もせずに話を聴きましょう。面談を重ねていくうちに、次第に「ハラスメントと言われるのは困るから、変わらなければいけないとは思っている」といった言葉が自然と本人の口から出てきます。行為者との面談は、ただ注意するのではなく、気持ちを吐き出させることも重要です。言いたいことを吐き出すことで徐々に落ち着いて冷静になり、自らの問題に気づくようになると思います。

第4章

ハラスメント防止の鍵は「空気」にある

ハラスメントが起こりにくい組織風土づくり

いくら対策しても次々とハラスメントの問題が発生する会社もあります。そういう会社のほとんどは、経営者や管理職が「少しくらいのハラスメントは仕方ない」というような発言をしていたり、事なかれ主義の社風で、ハラスメント問題に徹底的に対応していなかったりなど、ハラスメントが発生しやすい土壌があります。一方、ハラスメントが発生しにくい会社は、経営者も含め会社全体のハラスメントを根絶していくという意識が高く、社員に対する研修も定期的に行っています。

厚生労働省が発表している平成28年度の「職場のパワーハラスメントに関する実態調査」によると、パワハラ対策に積極的に取り組んでいる会社と、そうでない会社では、パワハラの発生率も異なるようです。

◉過去3年間にパワーハラスメントを受けたと感じた経験

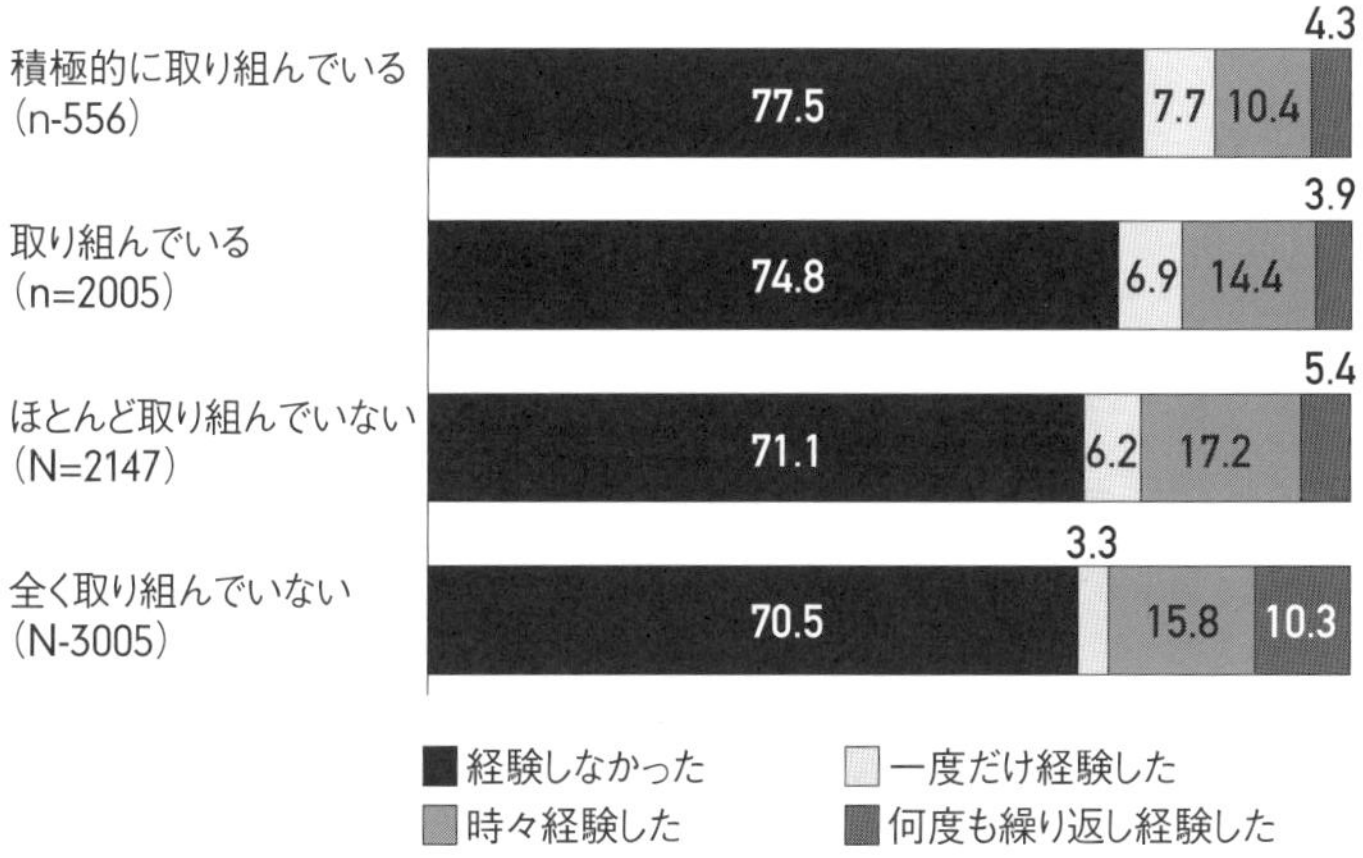

出典：平成28年度の「職場のパワーハラスメントに関する実態調査」（厚生労働省）

調査結果を見ると、パワハラの予防・解決に取り組んでいる企業で働く従業員は、取り組んでいない企業に比べて、パワハラを受けたと感じる比率が相対的に低いことがわかります。一方、「全く取り組んでいない」会社に関しては、パワハラを「時々経験した」「何度も繰り返し経験した」と答える従業員の比率が高く、事態が深刻になるケースが窺えます。

ほかにも、パワハラの予防・解決に関する取組みについて、こんな調査結果が出ています。

●取り組んでいる企業で働く従業員は、取り組んでいない企業に比べて、パワハラにより心身への影響があった比率が低い。

●取り組んでいる企業で働く従業員は、取り組んでいない企業に比べて、パワハラについて会社に相談する比率が高い。

●取組みを進めた結果、「職場環境が変わる」や「職場のコミュニケーションが活性化する」のほか、「休職者・離職者の減少」や「メンタルヘルス不調者の減少」などの付随効果がみられる。

ハラスメント対策をきちんと行っている会社は、トラブルが発生したとき、関係者に相談しやすい環境整備にも力を入れています。問題が小さなうちから対処する仕組みを整えることで、誰にも相談できずにメンタルヘルス不全になり、休職するまで追い込まれるケースを減らすことができるのです。

人事部が行う具体的な対策

ハラスメント問題への対応は、管理職だけに押しつけるのではなく、会社や組織の問題として取り組むことが重要です。その上で、個々人がよりよい職場環境づくりのために、小さなことであっても実践していけば、少しずつハラスメントを減らすことができます。

ハラスメントの具体的な対策について、厚生労働省は、「職場のパワーハラスメント対策ハンドブック」や、「職場のいじめ・嫌がらせ問題に関する円卓会議ワーキング・グループ報告」などで7つの取組みを示しています。

1. トップからのメッセージで明確な方針を打ち出す

会社としてハラスメント対策に取り組むためには、まず明確な方針を打ち出す必要があります。就業規則やガイドブックにハラスメントに関する規定を定め、研修を行うには、トップや経営層からのメッセージが欠かせません。特に、トップからの直接のメッセージは、従業員に対してダイレクトに訴えかけることができるので、意識改革に効果的です。パワハラが横行していた会社で、経営者が「ハラスメントは許さない。もし発覚したら、厳罰に処します」というメッセージを発信したところ、ハラスメントが収まったという成功事例があります。

事なかれ主義の会社の場合、上司の煮え切らない対応を見て、「この会社では解決できない」と考えた被害者がマスコミに内部告発したり、都道府県労働局や弁護士に相談したりして、問題が大きくなったケースもあります。社内では「なかったこと」にできても、外部から指摘されたら、厳しい措置をせざるを得ません。

問題の芽が大きくなる前に摘むためには、トップが明確な方針を発表し、それに沿った対策を打つことが効果的です。

2. ルールを決める

ハラスメント行為をした人に厳正に対処する方針や、懲戒処分の内容を明らかにするために、就業規則にハラスメント防止に関する規定を追加する必要があります。また、予防や解決についての方針やガイドラインを作成しましょう。

3. 実態を調査する

ハラスメントの多い職場では、組織のあり方そのものに問題があるケースもあります。例えば、悪質融資が問題になった、ある銀行では、部下に過剰な営業ノルマを課し、「数字が達成できないなら飛び降りろ」と恫喝したり、机を殴ったり蹴ったりして威圧感を与えるパワハラが横行していました。過剰なほど利益を追い求める企業風土が従業員を追い詰め、書類の改ざんやパワハラを多発させる要因になっていたようです。

このようなケースでは、個別にパワハラの問題に対応しても、根本的な解決には至りません。組織の体制や企業風土を見直さない限り、同じような問題が雨後の筍のように出てきてしまいます。アンケートや面談を通して実態を調査し、現状の問題点を把握することが改善の鍵となります。

ある会社では、一人の担当者があらゆる部署を定期的に回り、「職場のコミュニケーションはどうですか」というヒアリングをしました。すごく地道で時間がかかりますが、彼の行動がきっかけで、職場の空気が変わっていきました。会社のことを変えるのは難しく感じるかもしれませんが、実際は意外と一人のキーパーソンをきっかけに、社風がガラリと変わることもあるのです。

4. 教育する

従業員にハラスメントについて啓発するためには研修が欠かせません。年に1回でもいいので継続して行いましょう。管理職と一般社員で分けて、1年交代で研修を行うと、常に何らかの啓発活動ができるのでおすすめです。また、インターネットを使ったeラーニングという手法もありますが、人と人のかかわりについて考えるテーマなので、ディスカッションなど顔を合わせるスタイルで研修を行うほうが、効果が見込めます。

例えば、ハラスメントの基礎知識を学んだあとに、社内で起きそうな事例を元に話し合ったり、具体的にどうコミュニケーションをとっていったらいいかを意見交換したりし、その上で自分自身を振り返る心理テストを実施し、ハラスメントに関する理解を深めていくような研修がよく行われています。

5. 周知する

厚生労働省が行った平成28年度の実態調査では、パワハラを受けた人のうち、「何もしなかった」と答えている人が41・8%に及んでいます。社内の相談窓口に相談した人は8・6%で、会社が設置している社外の相談窓口に相談した人は3・6%です。パワハラが起こってもなんもしない人が飛びぬけて多く、相談窓口の利用者が少数にとどまっていることがわかります。「何も相談がない」ということは、「ハラスメントがない」ということと、必ずしもイコールではありません。

多くの人が、会社に相談しても何も変わらない、または自分の不利益になるかもしれないという不安から、何もせずに我慢しているのです。相談窓口を機能させるには、そういう従業員の心理的なハードルも考慮する必要があります。ハラスメントのガイドラインや、窓口の存在を知らない従業員もいます。会社の方針や取組みについて積極的にアピールし、掲示板にポスターや書面を掲示するなど、周知・啓発活動を実施しましょう。

6. 相談体制を作る

ハラスメントは防止できれば一番いいのですが、仮に起こった場合は、できるだけ早い段階で問題に対処することが大切です。最初の手当に失敗すると問題がこじれ、労災事故や訴訟にまで発展することがあります。ハラスメントの問題を早い段階で見つけるために有効なのは、「相談窓口」の設置です。パワハラに関しては、法的な義務はないため、就業規則に防止規程がないと、具体的な対応ができません。就業規則を整備した上で、相談窓口を設置するのがよいでしょう。

厚生労働省の実態調査では、パワーハラスメント事案の把握方法は、従業員1,000人以上の企業では「社内または社外に設置した従業員向けの相談窓口で」が91・9％と最も高くなっています。従業員99人以下の企業では「人事等の社内担当部署への相談や報告で」が53・1％と最も高くなっており、いずれも相談体制を整えることの大切さを示すデータとなっています。

相談窓口は、「社内」と「社外」のどちらか、または両方に設置します。人的余裕のない企業では外部に委託していることが多く、大企業の場合は社内・社外両方に設置している場合がほとんどです。

ハラスメント被害者の中には、「社内の人に相談したら情報が漏れるのではないか」「不利益を被るのではないか」という不安から、社外の窓口を選択する人もたくさんいます。社内と社外に窓口を併設した上で、双方が緊密に連携をとれるように体制を整えるのが理想です。

実際に窓口に相談があったら、その後どのように解決していくのかというフローまで確立しておきましょう。

7. 再発防止のための取組み

万一、ハラスメントが発生してしまったときには、それを止めさせる必要がありま
す。行為者に対して注意指導を行い、場合によっては緊急措置として当事者双方を離
す方法も考えられます。

また、発生した案件について解決したあと、再発防止のためのフォローも必要です。
ただし、全社員に向けて改めて発生したハラスメント事案を公開し周知するように情
報共有すると、当事者を傷つけることにつながり、また、プライバシー保護にも抵触
します。「ハラスメント意識の向上」といった観点での周知・教育を行うように工夫
する必要があります。

また、再発防止の取組みは、１年など短い期間で成果が上がるものではありません。
教育を受けた側もそのときは「しっかりと取り組もう」「気をつけよう」と思っても、
人間は忘れていくものです。教育や周知を定期的に行い続けることが肝心です。

column 09

アサーティブなコミュニケーションとは

コミュニケーションを図ろうとして、話題に困ったためプライベートなことを聞いてしまった結果、「セクハラだ」と受け取られたり、余裕がなくて挨拶を返せなかったために無視したことになってしまったり、イライラして机を叩いてしまったりするなど、ついパワハラ言動をしてしまう人も、少なくありません。

実はハラスメント言動は、誰もがやってしまうおそれのある身近な問題です。だからこそ、「ハラスメントに過敏になり、部下に何も言えなくなってしまう」人も増えています。

ハラスメント過敏を解消するために、よく研修でおすすめしているのは、「アサーティブネス」というコミュニケーションの方法です。「アサーティブネス」とは、相手の権利を尊重しながら、自分の気持ちや要求を率直に、誠実に、かつ対等に伝える方法です。このコミュニケーション方法は、1960年代から70年代にかけて、人権擁護運動や女性解放の思想と理念を土台に発達してきたものですが、現在はハラスメント防止にも取り入れられています。

特に、自分の要求を伝える場合のポイントとして、次の3点が挙げられています。

①自分の「気持ち」を言葉にする

事態に対して自分がどう感じているのかを、そのままシンプルに伝えます。例えば、部下に頼んだ書類がなかなか提出されなくて困っていれば、「まだできていないの？」「なぜそんなに時間がかかるの？」などと相手を責めるような言い方ではなく、シンプルに「私は困っています」と伝えるようにしましょう。

②「的」を絞って要求を伝える

相手に要求を伝えるときは、できるだけ具体的に提示します。例えば「早く提出してほしい」という場合、「早く」がどれくらいの早さを意味するのか、相手によって受け取り方が違います。「徹夜してやれ」と言われたのを重く受け止めてプレッシャーに感じる人もいるかもしれません。「○月○日までに」「○時頃までに」など、なるべく具体的な締め切りを伝えるようにしましょう。

③ 相手の立場を理解して選択肢を与える

自分の要求を伝えるばかりでは、押しつけと思われる危険性があります。「忙しいのはわかっている。難しそうなら言ってください」「私はこのようにしてほしいけれども、あなたはどう思う？」「困ったときはいつでも相談してください」など、相手の立場を理解したことを伝えるようにしましょう。

注意の仕方には、これで絶対にOKというようなマニュアルはありません。伝えてみて、相手に確認する。誤解されているようなら、さらに話し合う。言い過ぎがあったら謝る。そんな積み重ねが、「コミュニケーション上手な上司」への第一歩になります。

column 10

人事担当者のスキル向上&セルフケア

ハラスメント対策において、重要なのは相談窓口担当者や人事の対応です。常に中立の立場で傾聴し、「共感はするが同調はしない」というスキルが重要です。

同時に、いろんな人の悩みや嘆きを聞いたり、職場改善のために一生懸命動き回ったりしているうちに、疲れてメンタルヘルス不全になってしまう人もいますので、人事担当者にとってセルフケアはとても大切です。

ハラスメント問題は、行為者を懲戒や降格処分にすることで、楽しい結末を迎えることは基本的にありません。さらに、行為者に泣き言や恨み言を言われ、「本当にあの対応でよかったのだろうか」と後々まで引きずる人も多いのです。適切な対応をしたと思っても、周囲の人から「あの対応はどうかと思う」と言われることもあり、非常につらい立場です。

そのため、スキル向上という点から見て、人事担当として出した決定を検証することは重要ですが、ずっと引きずるとトラウマになるおそれがありますので、案件が終わった後に自らの気持ちを切り替えることも大切です。例えば、ストレスがたまってきたら、社内の守秘義務が守れる人に話す、趣味に打ち込んで発散するなど、仕事一辺倒にならないようにすることを心掛けましょう。

頑張りすぎて疲れてしまうという点では、サービス業の人に多い燃えつき症候群（バーンアウト）に似ている部分もあります。地道に小さな単位での相談に応じたり、各部署をマメに回って話を聞く人ほど、バーンアウトしやすいので注意が必要です。会社の風土を変える前に自分が燃え尽きてしまうことのないよう、一人で抱え込むのではなく、チームで対応することを考えてください。

地道な啓発活動が風土を変えた4つの好事例

事例01 トップからのメッセージで会社が変わった！

命にかかわる製品を作っているため、仕事に完璧を求める日本的な企業の事例です。完璧を追い求める姿勢や、体育会系的な上下環境から、パワハラが多く発生していました。そのことを憂いたA社長は、自分で社員にあてたメッセージを書きました。

「みなさんも知っての通り、我が社ではパワーハラスメントが頻発しています。パワハラは、人権にかかわるものであり、相手の名誉や尊厳を傷つけるばかりか、職場の環境も悪化させる問題です。そのせいで、心身の健康を害されてしまった社員がいることは、大変遺憾に思いますし、私自身の力不足だと責任を感じています。

そもそもなぜハラスメントが起きるのでしょうか。私は、相手への思いやりや配慮が足りないのが大きな原因ではないかと思います。部下の失態を「なんでできないの?」となじったり、人格否定したりすることは相手の気持ちを踏みにじる行為です。ミスをした部下がいたら、「どうして失敗してしまったのか。どうしたらできるようになるか、一緒に考えよう」と親身になって寄り添ってほしいと思います。

昔は、「部下は黙って上の言うことを聞いていればいいんだ」「俺の背中を見て覚えろ」で通ったかもしれません。ですが、時代が変わってきています。みなさんも、毎日のようにハラスメントに関するニュースを目にしていますよね。業界を問わず、旧態依然としたやりかたが、通用しない世の中になっています。私たちも変わるべきなのです。

私は経営者として、改めて宣言します。当社は、パワーハラスメントを決して許しません。見過ごすこともしません。パワハラ行為があれば、すぐに上司に相談してください。上司に相談しにくい場合は、直接私に相談してください。

今後、従業員一人ひとりが正しい知識を持って行動できるように、ハラスメントの研修を実施します。よりよい職場づくりを目指し、一緒に、取組みを進めていきましょう」

A社長は、まず役員会議や管理職会議でこのメッセージを配布し、話し合う機会を設けました。それから、全社員に向けて自分たちができること、やるべきことを考えて、ハラスメントが起きない体制を整えたのです。結果として、従業員のパワハラ体質は収まりましたが、反動でハラスメントに対して敏感になりすぎるところが見られるようになりました。この点について、A社長は、「過敏になった分は、研修などの教育を通してバランスをとっておけばいい」と考えているそうです。

解決のポイント

多発していたハラスメント問題がピタッと収まった最大の原因は、トップからのメッセージでした。経営者の思いのこもったメッセージは、社員の心に響きやすく、反響が大きいものです。

実際のケースでは、ハラスメントに関するトラブルが起きてからメッセージが発信されるところがほとんどですが、リスク管理の観点から言えば、何も起きていないときから、ハラスメント問題を未然に予防するために、トップからのメッセージを発信するとよいでしょう。もちろん、メッセージを出すだけではなく、その後みんなで話し合い、具体的な予防策に役立てることも必要です。

リスク管理の難しいところは、天災の場合と同様、実際に被災するまでは、自分が当事者になることがなかなか想像できないことです。普段から想像力を働かせて防災に力を入れておくことで、いざというとき自分や家族の身を守ることができます。最悪の場合社員の命にもかかわるハラスメント問題への対策も同様に、トラブルが起こる前から予防をすることで、深刻な事態を防ごうという意識を持つ必要があります。

事例02

アンケートで調査と啓発を兼ね、一石二鳥に

従業員500名規模の中堅会社の事例です。役員会で、「我が社はハラスメントの問題が多い。従業員が全国各地、海外支社にもいるわけだから、実態を把握するためにアンケートを行ったほうがいいのではないか」という意見が上がりました。それを受けて、人事部でアンケートを作成することになりました。

アンケートの設問には会社で起こりそうなハラスメントの具体例を盛り込みました。

設問を読むことで「なるほど、こういうことをするとハラスメントになるのか」という気づきになり、啓発も兼ねることができます。

1回目のアンケート結果では、ハラスメントより、会社に対する不平不満や、ほかの社員への愚痴がたくさん集まったことから、担当者は社員のハラスメントに対する理解が不十分であることに気づき、調査の効率をよくする目的も兼ねて、社員向けのハラスメントに関する研修を会社に提案しました。そこで、次回以降のアンケートは、研修の後に実施することになりました。

2回目のアンケートは、ハラスメントの線引きを明確にする研修を行った後に行いました。その結果から、会社のハラスメント問題が明確になりました。

アンケート結果は関係者の名前を伏せ、資料にまとめます。その資料は役員全員が目を通して共有しています。管理職会議では要約版を使って、「アンケートを踏まえて次はどのような研修をすべきか」「どのような相談体制が効果的か」ということを話し合いました。また、要約版は社内掲示板にも掲載され、それを見た社員も「これってハラスメントなんだ」と気づき、早めに相談する流れが生まれています。

その後、毎年アンケート調査を行っていましたが、次第に社員が「去年と変わってないんじゃないか」とマンネリになったため、2年に1度の実施に変更したところ、よいサイクルで回り始めました。アンケートの活用により、ハラスメントの発生率はだんだん減っていったそうです。

解決のポイント

アンケートに関しては、大企業の場合は毎年実施することが定められています。事例のよいところは、アンケートに「会社で起きそうなハラスメントの具体例」を盛り込んだことです。設問を読むことで、自然と「こういうことがハラスメントになるんだ」ということがわかるため、啓発にも役立って一石二鳥となっています。

また、アンケートは人事部や相談窓口の担当が作成するケースもありますが、アンケートの集計は実に大変な作業です。比較的安価で利用できる市販の調査システムもありますので、活用することをおすすめします。

事例03

社内外の相談窓口が連携してトラブルを解決

ハラスメント相談窓口の成功事例です。パワハラが横行し、職場のいじめが原因で社員が自死してしまったことから、A社はハラスメント予防に力を入れることを決意し、ハラスメントの相談窓口を設置しました。

具体的には、各営業所の中から人格的に優れた人を相談員に選出し、2人体制での相談窓口になっています。「話を聞くだけでいい」という希望があるときは各地の相談員に話を聞いてもらいますが、具体的な措置が必要な場合は、人事と連携して対処する仕組みです。また、相談窓口の取組みを周知するため、玄関から入るとすぐに見えるところや、大勢が行き来する食堂にポスターを貼りました。

設置当初は「待っていました！」とばかりに相談がワッと寄せられ、対応に追われて相談員も人事部も大変な思いをしましたが、2年もすると相談件数が落ち着いた上、相談員たちも経験を積んで迅速に対処できるようになりました。さらに、内部だけでは対応が難しいケースは、外部の専門家と協力して問題を解決する体制も整えました。

また、相談窓口業務以外にも、アンケートによる調査や毎月ハラスメント防止のための研修を行う取組みを行っています。

様々な対策のおかげでハラスメントは減っていき、A社は現在まで大きなトラブルは起きていません。

解決のポイント

「相談窓口を設置しているが、相談がない」という企業もありますが、たいていはハラスメント問題がないわけではなく、相談窓口が周知されていないことが原因です。また、会社自体がハラスメント問題に対して腰が引けていたり、「くさい物には蓋をしたい」という考えから、積極的に相談窓口について宣伝しようとしないことも多く見られます。

たとえ相談窓口が周知されていても、見知らぬ人にデリケートな相談をするのは怖いというのが人間の心理です。周知するだけではなく、相談者の心理的なハードルを下げる努力も必要です。例えば、ある会社では、ハラスメントの研修の際に、相談窓口担当者が必ずついていって挨拶し、「何かトラブルがあったら私に相談してください」とアナウンスしています。

また、人事がハラスメントに関するメールニュースを発信し、実際に会社で起こった事例を、詳細を伏せて紹介したり、コミュニケーションに関する悩みを発信したりすることで、気軽に相談したくなる空気を上手に作っている会社の事例もあります。

相談窓口設置当初は、相談がたくさん寄せられても、担当者は慌てずに対応していきましょう。相談業務に慣れていないと相談員も不安でストレスがたまるので、年に1度は練習や担当者同士の情報交換をすることをおすすめします。

事例04

楽しい研修で記憶に残す

公的な機関の運営や、受付スタッフの派遣業を行う会社の事例です。「ハラスメントの発生は自社のイメージを大きく損なうだけでなく、取引先にも迷惑をかけてしまうし、ハラスメントがこんなに注目されている中、何もしないのはよくないんじゃないか？」と考えたA社長は、ハラスメント予防の研修を始めることにしました。

A社長は社外の人にきてもらったほうが、「新しい視点」ということで従業員が受け入れやすいかもしれないと考えて、外部の専門家を招くことにしました。研修後、社員からは「ハラスメントについて話せてよかった」という感想がたくさん人事に届きました。特に「リフレーミング」が印象に残った人が大勢いたようです。

リフレーミングとは、枠組みを捉え直すということです。ネガティブに思えることをポジティブに捉え直すという練習です。「上司は頑固で主張が強いから何を言ってもダメなんだ」と不満を抱えていた人も、「あの人は芯が強くて意見をしっかり持っている人だから、自分もきちんと意見を整理して話してみよう」とリフレーミングすることで、自己成長につなげることができます。

また、研修では「『I』メッセージで伝える」という練習もしました。「I」メッセージとは、「私は」を主語に伝える方法です。つまり、あくまでも「私はこう考えている」「私はこうしてほしい」と自分の意見を述べるだけで、相手に押しつけたりはしません。「I」メッセージを伝えた後は、「あなたはどう?」「一緒に考えよう」などと、双方向のコミュニケーションをとれるように声を掛けるとなおよいでしょう。

例えば「あなた、なんでできないの?」という相手を責めているように聞こえる「You」メッセージを、先に自分の思いを伝えるように言い換えると、「私は今これが進んでいないことが気になっているんだけれども、今の進行状況を教えてくれる?」というふうに、「I」メッセージになります。

もともとハラスメントに対する意識の高い会社ですが、新たな研修を通して、さらに働きやすい環境が整備されたようです。

解決のポイント

事例の会社の従業員たちはすごく楽しそうに受講されていたのが印象的でした。ハラスメントに関する研修について、「厳しくやってくれ」「ハラスメントのおそろしさを教えて、怖がらせてくれ」という要望が珍しくありませんが、これは「こんなことをしたら、あなたはこうなるよ！」という脅しであり、恐怖による支配に過ぎません。確かに問題の言動を迅速にストップさせる効果がありますが、あくまでも応急措置であり、根本的な考え方を改めるところまではいきません。

「これってハラスメントなんだ、気をつけよう」「リフレーミングっていう考え方があるんだね」と楽しく話せるような雰囲気の研修は、受講者が研修内容に対してよい印象として記憶に残りやすいように感じます。

column 11

「パワハラ防止」法整備へ
〜会社のビジョンを達成するためにハラスメント防止は必須

パワハラ被害者への救済は、民事裁判で企業や加害者へ慰謝料や損害賠償を請求するケースが多いですが、被害の事実を立証するのは困難です。パワハラ被害が原因でうつ病などの精神疾患にかかった人を対象に、労働者災害補償保険（労災）の給付や休業補償もありますが、全員が認定されるわけではありません。

厚生労働省は「被害を予防する必要性が高まっている」として、防止策を企業に義務づける法整備を視野に入れています。この本を執筆している2018年11月19日に、厚生労働省の諮問機関である労働政策審議会では、職場のパワーハラスメントの防止対策について、事業主に対して、職場のパワーハラスメント防止等のための雇用管理上の措置を講じることや、相談窓口の設置や発生後の再発防止策を会社の指針・ガイドラインに盛り込むことなどの義務を、法律で定めることが検討されました。

厚生労働省は、2019年の国会への関連法案の提出をめざしています。今後はますますハラスメント防止の重要性が増していくことでしょう。だからこそ、一人ひとりがハラスメントに対する正しい知識を持ち、自分で行動できる環境を整えることが急務となっているのです。

おわりに　〜ハラスメント予防に特効薬はあるか？〜

ここまで読んでいただき、ありがとうございます。

最後に、会社で働くすべての人にお伝えしたいのは、他者に対する思いやりを持ってほしいということです。また対応する人事担当者の皆様にもお願いがあります。ハラスメント相談対応はストレスがたまる仕事であり、ついつい、あの人（相談者、行為者問わず）は性格的に問題があると決めつけてしまうケースがあります。性格の問題が要因となるケースももちろんありますが、様々な事例を見てお気づきだと思いますが、ハラスメントの原因の大半は、コミュニケーション不足です。ハラスメントの行為者が、きちんと被害者の気持ちに寄り添って話を聞いていれば、防げたトラブルはたくさんあります。相手を理解していないから、自分の考えを押しつけたり、相手に対し嫌悪感を抱き、嫌がらせをして排除しようとしたりして、ハラスメントは発生します。

反対に、部下のほうも嫌いな上司のネガティブな部分に注目して、「これってハラスメントでは」と目くじらを立てることで、ギスギスした職場環境をつくってしまっている場合があります。

こういった不寛容な職場では、気持ちよく働くことが難しいと思います。どんな立場の人でも、「こんなことを言ったら、相手はどう思うだろうか」と考え、反応を見ながら話すということを意識していただきたいと思います。もし相手を傷つけてしまったら「ごめん、言い過ぎたね」とすぐに謝ってフォローすれば、深刻な事態になることは避けられるでしょう。

ハラスメント予防の特効薬ではありませんが、必ず解決に役立つのは、お互いに相手を尊重する気持ちです。自分とは生まれ育った環境や、年齢、性別、家庭の事情などが違う人たちに対してどう真摯に、誠実に向き合っていけるかを一人ひとりが意識するようになれば、必ず会社は変わります。それを実現しようとしている会社も増えているので、人事担当として、成功した会社の視察に行ってその経験を学ぶこともいいと思います。みんながハラスメント防止のことを考えながら行動することで、必ずよりよい職場環境を作ることができるはずです。

《著者紹介》

樋口ユミ（ひぐち・ゆみ）

株式会社ヒューマン・クオリティー代表取締役。ハラスメント対策コンサルタント。1993年立命館大学産業社会学部卒業。同大学職員としてキャリアセンター（就職部）にて女子学生と女性の卒業生のキャリア支援に携わるとともに、セクシュアル・ハラスメント相談員として相談業務を行う。

その後、教育研修会社でのコンサルタントを経て2008年に株式会社ヒューマン・クオリティーを設立。ハラスメント防止対策の専門機関として企業・官公庁・学校・病院等あらゆる組織を対象に、防止体制づくりのサポート、ハラスメント問題解決のための人事担当者へのアドバイス、管理職面談、相談者へのカウンセリングや相手方面談など、幅広く活動している。

サービス・インフォメーション

通話無料

①商品に関するご照会・お申込みのご依頼
TEL 0120 (203) 694／FAX 0120 (302) 640

②ご住所・ご名義等各種変更のご連絡
TEL 0120 (203) 696／FAX 0120 (202) 974

③請求・お支払いに関するご照会・ご要望
TEL 0120 (203) 695／FAX 0120 (202) 973

●フリーダイヤル（TEL）の受付時間は、土・日・祝日を除く 9:00～17:30です。

●FAXは24時間受け付けておりますので、あわせてご利用ください。

パワハラ管理職　指導できない管理職
人事が直面する職場トラブル

平成31年3月10日　初版発行

編著者　樋口 ユミ

発行者　田中 英弥

発行所　第一法規株式会社
〒107-8560　東京都港区南青山2-11-17
ホームページ　http://www.daiichihoki.co.jp/

ブックデザイン　中川 英祐（トリプルライン）

ハラスメント実例　ISBN978-4-474-06500-0　C2034(3)